国家出版基金项目
NATIONAL PUBLICATION FOUNDATION

“十三五”国家重点出版物出版规划项目—凉山少数民族地区脱贫攻坚模式研究丛书

凉山少数民族地区旅游减贫实践研究

郭　凌　王志章◎主编

中国工人出版社

图书在版编目（CIP）数据

凉山少数民族地区旅游减贫实践研究 / 郭凌, 王志章主编.
—北京：中国工人出版社, 2021.12
ISBN 978-7-5008-7801-8

Ⅰ.①凉… Ⅱ.①郭… ②王… Ⅲ.①扶贫—关系—地方旅游业—旅游业发展—研究—凉山彝族自治州 Ⅳ.①F127.712②F592.771.2

中国版本图书馆CIP数据核字（2021）第264144号

凉山少数民族地区旅游减贫实践研究

出 版 人	董　宽
责任编辑	罗荣波　许小凡
责任校对	张　彦
责任印制	栾征宇
出版发行	中国工人出版社
地　　址	北京市东城区鼓楼外大街45号　邮编：100120
网　　址	http://www.wp-china.com
电　　话	（010）62005043（总编室）
	（010）62005039（印制管理中心）
	（010）62382916（工会与劳动关系分社）
发行热线	（010）82029051　62383056
经　　销	各地书店
印　　刷	北京市密东印刷有限公司
开　　本	700毫米×1000毫米　1/16
印　　张	15.75
字　　数	230千字
版　　次	2022年4月第1版　2022年4月第1次印刷
定　　价	68.00元

前　言

2018年2月11日，习近平总书记深入凉山少数民族地区考察脱贫攻坚，指出要进一步加大对凉山的扶贫力度，扎扎实实推进脱贫工作，要让各族人民都过上幸福美好的生活，全面小康路上不能忘记每一个民族、每一个家庭。

2018年2月14日，时任四川省委书记王东明先后主持召开省委常委会会议、全省领导干部大会，专题传达学习习近平总书记来川视察重要讲话精神并作出安排部署，提出明确要求。同年3月，王东明同志在《求是》杂志发文指出，要切实把习近平总书记关怀厚爱和殷切希望转化为推动治蜀兴川再上新台阶的具体行动和实际成效。锁定“两不愁、三保障”，聚焦藏区彝区深度贫困地区，牢牢把握精准要求、下足“绣花”功夫，坚决打赢精准脱贫攻坚战。

2020年10月12日至16日，四川省委书记彭清华前往凉山州调研时指出，要坚定贯彻习近平总书记关于扶贫工作重要论述和对四川工作系列重要指示精神，全面落实党中央和省委部署要求，以高度的责任感使命感，咬定目标全力冲刺，查漏补缺提升质量，坚决夺取脱贫攻坚收官之战全面胜利，确保如期全面建成小康社会。

凉山少数民族地区是“三区三州”深度贫困的重点地区之一，也是全国决战决胜脱贫攻坚的重点区域之一，当地生存环境恶劣、基础交通不便、基础设施薄弱，扶贫脱贫工作难度较大，是影响全国夺取脱贫攻坚全面胜利的控制性因素之一，成为党和政府以及社会各界的关注重点。

为深入研究凉山少数民族地区脱贫攻坚实践，总结脱贫致富典型经验模式，中国工人出版社策划了“凉山少数民族地区脱贫攻坚模式研究丛书”，从党建引领与脱贫攻坚、产业扶贫与可持续发展、特色旅游产业扶贫、扶贫队伍建设等角度出发，研究破解深度贫困之策。中国少数民族经济发展协同创新中心（省部共建）对丛书项目策划给予重要的智力支持，中国少数民族经济发展协同创新中心、西南大学、四川农业大学、中共凉山州委党校等研究机构的学者负责相关主题的研究写作工作。2018 年 9 月，“凉山少数民族地区脱贫攻坚模式研究丛书”入选“十三五”国家重点出版物出版规划项目。

凉山少数民族地区脱贫工作取得的成就，充分彰显了中国共产党打赢脱贫攻坚战的坚定信心。然而，贫困是世界性难题，要使凉山少数民族地区脱贫后可持续发展，不仅要总结深度贫困地区当前脱贫攻坚实践，更要切实提升扶贫内生动力。本丛书的出版对于推动减贫战略和工作体系平稳转型具有重要的借鉴意义，也有利于丰富我国全面建成小康社会理论研究，必将为新时代出版领域再添亮丽一笔。

目　录

第一章

凉山少数民族地区旅游减贫研究特点

第一节　研究背景与意义

一、研究背景

（一）旅游减贫是我国减贫实践探索的重要内容

贫困问题一直是根植于人类社会的历史疑难问题，贫困和反贫困始终相伴相生，人类在发展进步的过程中，围绕反贫困路径和手段不断探索、实践，总结归纳出一系列经验启示。

随着旅游业在全世界范围内的迅速发展，20 世纪 60 年代开始，国外率先发现旅游在促进减贫进程中发挥的显著成效。20 世纪末，英国国际发展局（DFID）正式提出“PPT”概念，拉开了旅游扶贫的序幕。[①] 旅游业在扶贫进程中逐渐从配角转为主角，其具有综合性强、产业联动性强、门槛较低等特点，因此，在促进贫困地区经济增长、带动贫困人口就业、弘扬地方文化等方面具有天然的优势，在减贫方面的作用逐渐受到社会各界重视。我国长期以来致力于与贫困问题做斗争，深谙脱贫问题的途径，结合实际，探索出了一条以旅游业为战略支柱的特色减贫道路。2016 年，国务院发布的《“十三五”脱贫攻坚规划》首次提出，贫困地区要积极发展乡村旅游、特色文化旅游、休闲农业旅游等丰富的旅游形态，并辅以 6 个“旅游扶贫重点

① 黄渊基 . 国外旅游扶贫的实践探索及经验启示［J］. 衡阳师范学院学报，2018，39（3）.

工程”，促进贫困地区旅游业发展，带动地方减贫。[①] 此外，受绿色发展新理念思潮的影响，我国开始重视绿色产业在经济社会发展体系中发挥的作用，积极创新绿色减贫理念，践行绿色减贫行为。[②] 旅游减贫与移民搬迁扶贫、光伏产业扶贫共同构成了我国绿色减贫的重要支柱，是连接生态保护与减缓贫困的枢纽和桥梁，形成了贫困地区可持续发展的绿色减贫机制，是我国绿色发展和绿色减贫实践探索中的重要模式和内源式发展路径。

（二）旅游减贫是实施乡村振兴战略的重要抓手

党的十九大提出实施乡村振兴的重要部署和战略方向。乡村振兴是消除贫困、实现共同富裕的必然选择，对实现“两个一百年”奋斗目标、实现中华民族伟大复兴的中国梦具有重要意义。摆脱贫困是乡村振兴的必要前提。2018 年，国务院提出要积极构建产业深度融合发展体系，通过实施休闲农业、特色旅游、乡村旅游精品工程助力乡村振兴，这就明确肯定了旅游业在促进扶贫开发和乡村发展中的实际效果。[③] 旅游业作为贫困地区脱贫的优势产业，在改善乡村建设、增加农民收入、促进全域发展上发挥了重要作用，是贫困地区经济增长的主要力量，大力推动了美丽乡村建设和乡村振兴战略的实施。旅游减贫已经成为贫困地区人民脱贫致富的重要环节，通过在贫困地区发展乡村旅游，能够有效实现经济发展的核心目的，在减贫进程中发挥举足轻重的作用，这也成为我国新一轮脱贫攻坚的重要突破口。各地实践可以进一步说明，通过发展乡村旅游带动贫困地区减贫是实现可持续精准减贫的重要方法，是促进农村地区供给侧改革的重要途径，是实施乡村振兴战略的重要抓手。

---

① 国务院关于印发“十三五”脱贫攻坚规划的通知［EB/OL］.（2016-11-23）［2020-06-05］，http：//www.gov.cn/zhengce/content/2016-12/02/content_5142197.htm.

② 张琦，冯丹萌．我国减贫实践探索及其理论创新：1978～2016 年［J］．改革，2016（4）．

③ 中共中央 国务院关于实施乡村振兴战略的意见［EB/OL］.（2018-02-04）［2020-06-05］，http：//www.gov.cn/zhengce/2018-02/04/content_5263807.htm.

（三）少数民族地区是旅游减贫工作的主要战场

我国是统一的多民族国家，少数民族数量较多、分布较广，其人口数量占我国总人口的 8.5%，而民族自治地区面积高达全国总面积的 64%。[①] 长期以来，受特殊自然地理环境、民族历史和文化观念等因素的综合影响，少数民族地区普遍呈现出经济基础薄弱、产业发展水平低、人口整体素质偏低、新旧动能转换难度大等特点，贫困问题较为严峻。我国政府一直以来都特别重视少数民族地区的减贫工作，国家政策和资金重点向少数民族地区倾斜。国务院于 2016 年印发的《“十三五”促进民族地区和人口较少民族发展规划》指出，加快少数民族地区经济和社会发展、补齐少数民族地区发展短板是“十三五”期间的战略目标，以此助力实现全面小康社会和中华民族伟大复兴中国梦。[②] 但与少数民族地区的贫困劣势相对的是，少数民族地区具有天然的旅游资源优势，其独特秀美的自然风光、悠久丰厚的人文历史、多姿多彩的民俗风情等共同组成了少数民族地区得天独厚的旅游发展条件。20 世纪 80 年代以来，全国各地争先开展旅游减贫实践探索，特别是少数民族地区的旅游减贫受到高度重视，少数民族地区作为旅游资源丰富的“贫困地区”，自然而然成为了旅游减贫工作的主要战场和实践场所。旅游减贫作为一种“持续造血”扶贫方式，具有巨大的产业联动效应。它可以充分发挥当地旅游资源的竞争优势，进而促进少数民族地区经济社会的发展。

（四）凉山州地区旅游减贫效果显著、经验丰富

凉山彝族自治州在自然环境恶劣、基础设施建设落后、思想观念传统等

---

① 国务院关于印发“十三五”促进民族地区和人口较少民族发展规划的通知［EB/OL］.（2017-01-24）［2020-06-06］，http：//www.gov.cn/zhengce/content/2017-01/24/content_5162950.htm.

② 国务院关于印发“十三五”促进民族地区和人口较少民族发展规划的通知［EB/OL］.（2017-01-24）［2020-06-06］，http：//www.gov.cn/zhengce/content/2017-01/24/content_5162950.htm.

复杂因素交织影响下，其贫困现象显著，在国家建立扶贫开发体系之初便成为全国扶贫的重点区域。作为我国深度贫困地区的典型代表，凉山地区的减贫治理是我国反贫困实践的重要内容，是习近平总书记心系牵挂的重点区域。党的十八大以来，他曾多次谈到凉山州的深度贫困问题，指出党和国家要继续加强对凉山彝族同胞的政策支持力度，确保彝区能与全国同时实现全面小康。凉山州的实际减贫起点较早，从 20 世纪 50 年代开始，凉山彝族地区就开启了减贫实践探索，而在精准脱贫时代，政策倾斜和资源优势更是为凉山州地区的旅游减贫实践奠定了基础。2015 年实施精准脱贫政策以来，凉山彝族地区便开始积极发展旅游业，通过深挖贫困区旅游资源、打造特色旅游产品、吸纳贫困人口就业等形式来践行旅游减贫。在政府、市场、社会等主体的共同努力下，凉山州旅游减贫实践取得了显著成效：到 2018 年，凉山州旅游收入超 400 亿元，并且通过发展旅游业辐射周边各大乡镇，惠及 14 万多名农民，带动 8000 多户农户增收，实现 1200 多名贫困人口脱贫。① 凉山彝族地区的减贫实践是新中国成立以来反贫困历程的生动缩影，而旅游减贫实践更是其中浓墨重彩的一笔，其相关实践经验对于全国和全世界反贫困具有重要的理论和实践价值。

二、研究的意义

（一）研究的理论意义

第一，总结并梳理国内外有关旅游减贫的基础理论和效应评价的主要方法，在一定程度上延展了旅游减贫研究的理论和方法视角。第二，对凉山彝族自治州的旅游减贫进行研究，有利于拓展我国少数民族贫困地区旅游减贫研究的内容，进一步丰富我国少数民族地区在脱贫攻坚、旅游减贫、全面实现小康方面的理论成果。第三，对凉山州旅游减贫实践及效应进行评价，能

① 罗正琴 . 凉山彝族地区旅游精准扶贫现状及对策［J］. 乡村科技，2020（8）.

够为现有旅游学、社会学、产业经济学等多学科交叉相融的研究课题锦上添花，作出一定的理论贡献。第四，系统梳理和分析旅游产业在凉山州经济、社会、文化、环境等维度的减贫效果，能为未来民族贫困地区创新旅游减贫机制、促进旅游产业可持续发展、推动贫困地区经济内生增长提供学理支撑。

（二）研究的实践意义

第一，通过系统总结凉山州旅游减贫的实践路径和经验启示，能为少数民族地区或贫困地区发展旅游业和旅游减贫提供经验借鉴和参考。第二，通过理论分析与实证总结的系统探索，在对凉山州旅游减贫的代表性样本进行细致分析的基础上，制定全面小康时期凉山州旅游持续减贫的行动方针，为凉山州后续反贫困实践提供方法指导。第三，推进凉山彝族自治州旅游减贫研究，为贫困地区消除贫困障碍、激发经济活力、补足内生动力等方面提供榜样力量，对实施乡村振兴战略、构建国家治理体系现代化具有重要的实践指导意义。

第二节　研究问题

一、研究目标

书稿旨在积极响应国家有关旅游减贫和少数民族地区脱贫攻坚的精神，以中国西部旅游减贫示范区——凉山州为案例，通过文献梳理和案例分析，以期对凉山州的旅游减贫实践路径和经验进行总结，具体而言为：梳理国内外旅游减贫的理论基础，为旅游减贫实践探索打下坚实基础；总结旅游减贫效应评价的主要方法；以凉山州部分县（村）为样本，对少数民族地区旅游减贫效果做出初步评价；总结凉山州旅游减贫实践探索的有效路径及经验启示；根据实际情况探讨凉山州旅游持续减贫的战略部署，以为其他少数民族地区或贫困地区旅游业转型升级、旅游与减贫有机结合提供经验借鉴和实践指导。

二、研究内容

研究课题遵循“提出背景——理论梳理——方法总结——现状分析——效果评价——经验总结——对策建议”的逻辑线索展开研究，采用定性研究的方法，对旅游减贫的基础理论和评价方法进行系统梳理、总结和分析；对凉山州旅游减贫典型案例分析评价；对旅游减贫代表性实践路径总结分析；等等。

三、研究方法

（一）文献研究法

查阅旅游减贫、旅游减贫效应等相关文献资料，梳理总结旅游减贫的理论基础以及旅游减贫效应评价的主要方法；了解并研读与旅游减贫有关的政策文件和减贫举措，把握重要的脱贫攻坚前沿动态和文件精神，以为凉山州旅游减贫效应评价奠定理论支撑。

（二）实地调研法

选取凉山州旅游减贫实践效应显著的样本进行实地走访调研，了解样本村的行政区划、贫困概况、旅游资源现状、旅游发展现状等基本情况，调研其具体的旅游减贫举措和实施效应状况，为后续开展旅游减贫效应评价研究打好基础。

（三）案例分析法

课题通过筛选出凉山州具有代表性的 3 个县级层面下的 4 个村为案例地，对其旅游减贫举措进行剖析、旅游减贫效应进行评价，为课题后续研究分析总结、制定行动战略等提供了现实案例基础。

（四）系统分析法

课题旨在凉山州旅游减贫实际基础上，系统总结出凉山州旅游减贫的实践举措和经验启示，因此基于系统工程思想原则，把握凉山州旅游减贫的重要举措和执行政策，凝练出可供其他贫困地区借鉴的旅游减贫路径，从而提出凉山旅游持续减贫的行动展望。

第三节 研究对象

一、研究区域对象

2017 年 11 月，中共中央办公厅和国务院办公厅共同印发了《关于支持深度贫困地区脱贫攻坚的实施意见》（以下简称《意见》），对我国深度贫困地区存在的贫困壁垒进行了全面准确的战略部署。《意见》指出，要特别关注减贫战场中的“硬骨头”——“三区三州”，如表 1.1 所示。以“三区三州”减贫需求为导向，激发深度贫困地区和贫困人口的内生动力，构建适宜的扶贫支持体系，因地制宜地实施扶贫措施，为深度贫困地区攻坚克难、实现减贫任务提供保障。[①] 虽然“三区三州”贫困区受地理因素复杂、自然条件恶劣、经济基础薄弱、贫困程度严重等因素的约束和限制，但由于其独特的旅游资源，贫困地区在整合区域资源的基础上形成了“三区三州”旅游圈，确定了以旅游开发为重要推力的减贫作战路线，以促进当地产业转型升级，实现脱贫攻坚。四川凉山州作为“三区三州”深度贫困地区之一，近年来，充分发挥旅游产业优势，坚持“全域旅游”发展战略，倾力打造“大凉

① 中办国办印发意见支持深度贫困地区脱贫攻坚［EB/OL］.（2017-11-27）［2020-06-07］，http://www.cpad.gov.cn/art/2017/11/27/art_46_73993.html.

山”全域旅游度假品牌，积极构建“大生态旅游”产业体系，助推凉山州从旅游资源大州向旅游经济强州跨越，成为中国西部旅游减贫示范区。因此，选择凉山州作为研究地点，展开具体研究，如表 1.2 所示。

表 1.1 “三区三州”深度贫困地区

序号	分类	区域
1	三区	西藏自治区；青海、四川、甘肃、云南四省藏族聚居区；南疆的和田地区、阿克苏地区、喀什地区、克孜勒苏柯尔克孜自治州四个地区
2	三州	四川凉山州；云南怒江州；甘肃临夏州

表 1.2 研究地点选择依据

序号	依据	具体体现
1	区域标签导向	国家层面的“三区三州”深度贫困地区之一；中国西部旅游减贫示范区；2018 魅力中国城年度魅力文旅发展潜力城市；凉山彝族自治州（以昭觉县、布拖县为重点）入选第一批“非遗 + 扶贫”重点支持地区名单
2	旅游资源导向	拥有邛海国家湿地公园、螺髻山、泸沽湖、西昌卫星发射中心等 9 个 4A 级景区；全世界唯一一个反映奴隶社会形态的凉山奴隶社会博物馆；彝族漆器传统技艺等 18 项国家级非物质文化遗产；“人类非物质文化遗产”——彝族火把节；“人类母系社会活化石”——泸沽湖摩梭文化；等等
3	旅游产品导向	核桃、苦荞、桑茧、果蔬等优质生态农业旅游产品；民族服饰、漆器、彝绣等特色旅游文化产品；南红玛瑙等宝石矿旅游产品
4	减贫效应导向	凉山州自发展旅游业以来，展现出综合拉动性强、扶助功能大、受益面宽的特征，能有效带动贫困地区贫困居民脱贫致富，旅游减贫效应显著。2018 年，凉山州通过实施乡村旅游扶贫工程，实现乡村旅游总收入约 120 亿元，推动 22 个贫困村脱贫摘帽

二、实证调研对象

本书采用实证调研和案例分析相结合的研究方法，综合凉山彝族自治州的划分区域、贫困状况、旅游产业发展情况等，从大尺度（市 / 县级）和小尺度（村级）两个层面对实证调研地和案例地进行选择。

在市 / 县级层面，截至 2018 年 6 月，凉山彝族自治州共辖 17 个县市。在选择市 / 县级层面的实证调研地点时主要考虑四个因素：第一，在凉山州所辖区域的东部、中部、西部都需要调研样本，以保证样本的代表性；第二，样本区域经济水平较为落后，贫困问题突出；第三，样本区域旅游资源丰富，旅游产业优势突出；第四，样本区域旅游减贫成绩突出、效益显著、经验丰富。综合以上筛选条件，本书最终选择位于凉山州东部的雷波县、中部偏东的昭觉县、中部偏西的西昌市以及西部的盐源县作为市 / 县级层面的实证调研地点，并开展具体研究，如表 1.3 所示。

表 1.3　实证调研地选择依据

序号	区域	实证调研地点	选择依据	具体体现
1	东部	雷波县	贫困问题突出	雷波县山高路险、环境恶劣，于 2012 年 3 月被国务院列为第一批国家扶贫开发工作重点县，减贫难度较大
			旅游资源丰富	雷波县境内有马湖、麻咪泽、金沙江大峡谷、龙湖溶洞、孟获殿等景点；打造出雷波脐橙、雷波莼菜、黄琅贡茶等知名旅游产品；是“国家重点生态功能区”“中国彝族民歌之乡”“中国优质脐橙第一县”
			旅游减贫效应显著	雷波县旅游局积极推进旅游扶贫机制创新试点工作，以发展旅游业为突破口，着力再生贫困地区内部造血细胞，开发出减贫致富与旅游经济实现“互动双赢”的可持续新思路，被确定为“四川省旅游扶贫实验区”
2	中部	昭觉县	贫困问题突出	昭觉县是全国最大的彝族聚居区，彝族人口共占全县人口的 98.4%，境内自然资源丰富，但受交通条件限制，大量的资源无法开发，贫困程度较深，被列为国家级贫困县，是脱贫攻坚的主战场

续表

序号	区域	实证调研地点	选择依据	具体体现
2	中部	昭觉县	旅游资源丰富	昭觉县拥有博什瓦黑古崖画、好谷军屯遗址等重点保护文物，狮子山、竹核温泉等旅游景点，彝族传统器具和民间工艺品等文化旅游产品；是“国家重点生态功能区”，被誉为“彝族服饰之乡”“彝族文化走廊”“彝族民间文化宝库”
			旅游减贫效应显著	昭觉县依托旅游资源优势，奋力发展全域旅游，打造特色项目，完善基础设施，旅游减贫工作取得了显著成效。2018 年，昭觉县旅游收入约达 4 亿元，在旅游产业的带动下，贫困村减少到 93 个，贫困人口减少到 11686 户、53095 人，贫困发生率从 31.8% 降至 18.1%
		西昌市	贫困问题突出	西昌市作为凉山州州府，虽然是攀西地区经济、政治、文化中心，但受地理和交通影响，西昌市贫困问题尚未得到根本解决，截至 2016 年，西昌市还有 3558 户、12880 人尚未脱贫
			旅游资源丰富	西昌市气候舒适、日照充足、旅游资源丰富，境内拥有邛海、螺髻山等著名旅游景区，是大香格里拉旅游环线、川滇旅游黄金线上的重要节点，被誉为“国家森林城市”“中国优秀旅游城市”“国家级旅游度假区”
			旅游减贫效应显著	西昌市高度重视精准扶贫工作，充分发挥产业造血功能，大力发展旅游扶贫、新村新寨建设扶贫。2017 年，西昌全市旅游人次超过 2100 万人次，旅游总收入达到 205.22 亿元，旅游业成为产业扶贫的重要支柱
3	西部	盐源县	贫困问题突出	盐源县位于青藏高原边缘，由于地理阻隔、信息闭塞、交通落后、干旱缺水等因素制约，盐源县发展严重滞后

续表

序号	区域	实证调研地点	选择依据	具体体现
3	西部	盐源县	旅游资源丰富	盐源县境内拥有泸沽湖、公母山、热水潭温泉、黑喇嘛寺等众多著名景点，珍贵药材、野生菌、白瓜子、盐源花椒等特色旅游产品；享有“高原明珠”“绿色长廊”“金盆宝地”等美誉
			旅游减贫效应显著	盐源县政府将旅游产业作为首位产业和支柱产业来打造，初步规划实施“3311”旅游重点工程等20个全域旅游项目，取得了初步成效。截至2018年11月，全县共接待游客345万多人次，实现旅游收入22亿余元

在已定位的市/县级实地调研地点的基础上，综合考虑贫困发生情况、地方旅游资源丰度以及旅游减贫实践探索的成效等因素，有针对性地选择小尺度（村级）层级上的代表性样本。最终选择的样本为：雷波县罗汉沟村、昭觉县阿土列尔村、西昌市长板桥村和盐源县舍垮村，如表1.4所示。

表1.4　代表性样本选择依据

序号	县市行政区	代表性样本	选择依据	具体体现
1	雷波县	罗汉沟村	贫困问题突出	罗汉沟村苗寨是四川省10个全国旅游扶贫试点村之一，也是凉山唯一一个国家级旅游扶贫试点村
			旅游资源丰富	罗汉沟村是雷波县最大的苗族聚居地，民族旅游资源丰富，至今仍保留着苗族情歌古歌曲调、医药秘方、婚丧嫁娶礼仪、祭祀巫术信仰等传统；村落里还有苗家特色的芦笙歌舞演艺、制银工艺、苗绣等文化遗产
			旅游减贫效应显著	雷波县政府在旅游减贫实践中为贫困居民探索出一条致富路，通过实施苗寨旅游项目，将133万元旅游扶贫资金用于罗汉沟村旅游扶贫示范项目建设，减贫成效显著

续表

序号	县市行政区	代表性样本	选择依据	具体体现
2	昭觉县	阿土列尔村	贫困问题突出	阿土列尔村就是人们所熟知的“悬崖村”，交通闭塞、教育落后，长期处于自给自足阶段，贫困程度很深
			旅游资源丰富	阿土列尔村毗邻美姑河大峡谷，拥有峡谷、溶洞、温泉、原始森林等旅游资源，入选首批“全国乡村旅游重点村”名单
			旅游减贫效应显著	川投等旅游集团在“悬崖村”启动投资，拟打造山地型旅游目的地，通过发展旅游减贫，促进内生发展，阻断贫困发生的动因
3	西昌市	长板桥村	贫困问题突出	2013年以前，长板桥村是贫困村，村里50%以上的民房是茅草房，交通不便、水电不通、卫生环境差，在发展乡村旅游之前，这里是“减贫战场”的重难点
			旅游资源丰富	长板桥村彝族风情浓郁，依托螺髻山风景名胜区、安哈彝寨4A级旅游景区，被评为“国家森林乡村”，入选2020年“四川省乡村旅游重点村”
			旅游减贫效应显著	长板桥村以发展民族生态旅游为契机，着力打造旅游彝寨，鼓励村民发展生态“彝家乐”，销售旅游特色商品，基础设施得到完善，生态环境大大改善，村民收入大幅提升
4	盐源县	舍垮村	贫困问题突出	舍垮村位于四川和云南两省交界，因地理和民族因素阻碍，舍垮村治安混乱、交通条件落后、经济发展环境较差、贫困现象严重
			旅游资源丰富	舍垮村是泸沽湖地区居住最密集、商业化冲击最小、民俗风情最浓郁的村落；以摩梭文化为核心衍生出一系列具有本土文化特色的旅游产品

续表

序号	县市行政区	代表性样本	选择依据	具体体现
4	盐源县	舍垮村	旅游减贫效应显著	舍垮村依托地理优势和景点效应大力发展以摩梭民俗和乡村旅游为代表的旅游产业。于 2016 年顺利摘帽，依托旅游业促进全部脱贫

第四节　研究的重难点和创新点

一、研究的重点难点

（一）构建理论分析框架、设计量化指标体系

构建指标体系，既是为课题提供科学的技术标准，也直接影响课题成果的可操作性。旅游效应测评、旅游精准持续减贫是两个独立的子系统，加之持续减贫是政策思路也是实践探索，因此，设计量化测评体系的难度较大。依据旅游的影响，尝试从政治、经济、社会文化、环境四个维度综合考虑旅游减贫的宏观与微观效应，构建四川省凉山彝族自治州旅游减贫的实践探索与经验总结理论研究框架，据此设计指标测评体系，是课题研究的重点和难点。

（二）设计符合国情、有普适性的实践路径

《国家人口发展规划（2016—2030 年）》明确提出，在解决绝对贫困问题后，“十四五”时期我国的减贫目标应当为推行持续减贫、巩固拓展脱贫成果，即“从主要解决绝对贫困到缓解相对贫困转变，从主要解决农村贫困到统筹解决城乡贫困转变”。推行持续减贫、解决相对贫困问题，是具有中

国特色的减贫探索，因此，减贫路径必须符合中国国情、具有本土化特性。同时，我国贫困地区地域广阔、数量众多、致贫原因有区别、民族构成有差异，且旅游村落正处于传统农业向现代农业转型、传统生活乡村向旅游目的地功能拓展的过程。因此，持续减贫路径也要考虑普适性，这是指导持续减贫的关键。但路径的设计还需要大量的实证调研、代表性案例支撑，这的确是现阶段课题研究难以克服的困难。

（三）提出具有科学性、可操作性的对策建议

只有理论成果有助于指导生产实践，理论成果才具有实践价值和意义。探索凉山州旅游发展推动持续减贫路径、构建保障机制、提出相应的政策建议是一个系统的工程。一方面，它既是地方实践服务的学术研究成果，也是站在决策者的立场上促进和保障协同发展的纲领性思维和战略；另一方面，它更是依靠企业、居民、社会组织、经济组织等力量参与的促进贫困地区旅游和经济协同发展的指引性建议。保障机制、政策建议具有科学性、可操作性，也是整个课题应用研究的重难点所在。

二、研究的创新点

（一）建立旅游减贫的实践探索与经验总结理论分析框架

旅游精准扶贫与精准脱贫研究缺乏广泛认同的理论分析框架。旅游影响的四个维度在旅游研究领域业已成熟，依托旅游影响研究的政治、经济、社会文化、环境四个维度，构建四川省凉山彝族自治州旅游减贫的实践探索与经验总结的理论分析框架，在一定程度上有助于拓展旅游影响研究的理论视角，拓展旅游学、经济学、生态学等学科的研究重点，丰富旅游学的跨学科研究成果与案例，体现课题研究的理论创新。

（二）探索凉山州旅游减贫的实践探索路径

贫困问题是个世界性难题，反贫困是人类共同面临的一项历史任务。四川省凉山彝族自治州是全国最大的彝族聚居区，也是全国连片深度贫困地区之一，是全国典型的区域性整体深度贫困样本。毫无疑问，中国政府逆势推进凉山州脱贫攻坚，为全球减贫事业作出了新的贡献。2017 年，习近平总书记提出“旅游是脱贫攻坚的重要渠道”，旅游的价值功能再次受到党和国家的高度重视。在摆脱绝对贫困后，把旅游持续减贫路径嵌入凉山州减贫路径的实践探索中，总结成功经验，不仅有助于解决凉山州旅游发展的方向性问题，还通过乡村旅游实现了凉山州发展的政治、经济、社会文化、环境效应。这种路径不仅符合中国具体国情，也是课题研究理论应用于实际的价值体现部分。

（三）拓宽了旅游影响的研究范围和视野

旅游的影响研究主要集中于管理学、经济学、社会学、文化学等领域。探索四川省凉山彝族自治州旅游减贫的实践与经验总结，尝试构建乡村旅游持续减贫的理论分析框架，关注持续减贫在政治、经济、社会文化、环境方面的综合成效与系统问题，并进行多方法、跨学科的综合性研究。从这点意义上讲，尝试旅游管理、减贫效应的学科交叉，尝试旅游影响向“四维度框架”的延展，拓宽了旅游影响研究的视野和领域。

第五节　本章小结

通过精准扶贫、精准脱贫解决绝对贫困问题，以及通过旅游持续减贫探索缓解相对贫困问题，是我国在长期脱贫实践工作中凝聚的智慧结晶、摸索的“中国经验”、形成的“中国特色”。旅游成为脱贫攻坚的重要渠道，在发挥现代农业多功能性、建设中国美丽乡村、实现乡村“五个振兴”等方面有着重要的作用和意义。基于旅游政治、经济、社会文化、环境的效应，以及旅游持续减贫的发展目标和现实意义，运用跨学科知识构建理论分析框架，通过案例研究、问卷调查、深度访谈、层次分析、扎根理论等多种研究方法，进行四川省凉山彝族自治州旅游减贫的实践探索与经验总结。

本研究是落实“十四五”时期我国的减贫目标及战略重点。本章通过介绍和呈现研究背景，分析了课题研究的意义、价值、重点、难点和创新点，准确定位了研究的科学依据，明晰了研究的思路、内容和方法，夯实了研究的学理基础。

第二章

旅游减贫理论基础及减贫效应评价

反贫困是全球社会经济发展的重要议题，也是人类社会发展的共同使命。自英国国际开发署于 20 世纪末提出“有助于贫困人口发展的旅游”（Pro-Poor Tourism, 简称 PPT）术语至今，旅游脱贫迅速在全球范围内成为促进经济增长和减缓贫困的重要方法和热点路径。PPT 概念的中心思想旨在通过发展旅游业来提高某一地区贫困人口的纯收益，重点给予穷人获益的机会，并且在利益分配时更多地考虑贫困人口的收益。这一概念的初衷在于通过发展旅游业并借助旅游业的优势，如投资少、见效快、就业门槛低、产业关联性强等[①]，来繁荣地区的市场，增加贫困人口的就业率，最终使贫困者获得劳动收入，改善基本的生活水平。由此可以看出 PPT 的核心是贫困人口，并且对减缓贫困是一个间接的作用过程[②]。

鉴于此，学界转而研究旅游业对减缓贫困的直接作用。2002 年世界旅游组织（UNWTO）成立 ST-EP（Sustainable Tourism-Eliminating Poverty）基金会，ST-EP 即“可持续旅游消除贫困”计划，主张将可持续旅游当作减贫的方法，重点用于解决旅游目的地发展中可能出现的社会、文化、生态环境等消极影响[③]，以可持续的理念帮助贫困地区摆脱贫困。有学者根据旅游减贫鲜明的反贫困目的，认为“反贫困旅游”（anti-poverty tourism）能更好地反映旅游业发展推动减缓贫困的目的性[④]。尽管上述概念的侧重点有所不

---

① 郭鲁芳，李如友．旅游减贫效应的门槛特征分析及实证检验——基于中国省际面板数据的研究[J]．商业经济与管理，2016（6）．

② BENNETT O A C, ROE D. Sustainable Tourism and Poverty Elimination Study: A Report to the Department for International Development[J]．New York: Deloitte & Touche, 1999，2–3.

③ 李会琴，侯林春，杨树旺，等．国外旅游扶贫研究进展[J]．人文地理，2015，30（1）．

④ ZHAO W, RITCHIE J R B. Tourism and Poverty Alleviation: An Integrative Research Framework[J]．Current Issues in Tourism, 10（2）: 119–143.

同，但它们的共同之处在于都将减贫作为旅游业发展的主要目标，以实现旅游减贫效应最大化和精准性。

需要注意的是，经济欠发达地区的旅游开发与实际意义的旅游减贫不同，旅游减贫所强调的对贫困人口的帮扶和发展机会的创造若仅依靠经济机制的运作将不能自发完成。因此，旅游减贫应正确处理好减贫与单纯经济开发之间的冲突，调整和规划旅游开发的总过程，将减贫的行为囊括进旅游开发的系统运作中[①]。

20 世纪 80 年代，我国云南等部分老、少、边、穷地区自发启动旅游资源开发，实现脱贫致富，从而在中国开辟了新的旅游减贫路径。近半个世纪以来，伴随地方实践经验的积累和丰富，旅游减贫新路径不断涌现，受到国家与地方各级人民政府的高度重视，旅游减贫在全国范围得到逐步推广与实施。进入 21 世纪后，旅游减贫的政策体系、理论研究、路径实践均取得重要突破。在实践层面，六盘山国家旅游减贫试验区、赣州市国家旅游减贫试验区、阿尔山市国家旅游减贫试验区等相继成立。在政策层面，2013 年，习近平总书记提出了“精准扶贫”的重要指示，随即全国旅游系统迅速开展了“旅游规划扶贫公益行动”，发挥旅游在精准扶贫战略中的重要作用；文化和旅游部会同国务院相关部委先后印发了《关于实施乡村旅游富民工程推进旅游扶贫工作的通知》《关于印发乡村旅游扶贫工程行动的通知》《关于进一步做好当前旅游扶贫工作的通知》《关于支持深度贫困地区旅游扶贫行动方案》等相关政策文件，有效指导了有中国特色旅游减贫工作的有序开展。在理论层面，国内学界关于旅游减贫路径的理论总结与有中国特色的旅游减贫理论构建的探索不断深入。研究者们依托管理学、经济学、社会学、人类学等交叉学科，围绕旅游减贫模式、旅游减贫机理、旅游减贫成效等方面展开了卓有成效的理论研究，逐步形成了具有中国特色的旅游减贫理论体系和旅游减贫实践路径。

---

① 周歆红 . 关注旅游扶贫的核心问题［J］. 旅游学刊，2002（1）.

第一节 旅游减贫的理论基础

由于对贫困区域致贫原因的复杂性的考虑，也综合衡量多样性旅游减贫路径背后所蕴含的复杂理论规律，本节主要从旅游资源开发有助于贫困人口发展的视角，选择内生增长理论、包容性增长理论、旅游影响理论、旅游乘数理论等作为基础理论，对相关理论的产生背景、主要观点及其在旅游减贫中的应用与价值进行概述。

一、内生增长理论

（一）产生背景

促进经济长期增长一直是经济学研究的重要目标。但在古典经济学中，以英国古典经济学家、人口学家马尔萨斯（Thomas Robert Malthus，1766—1834）为代表的人口决定论和以英国古典政治经济学家李嘉图（David Ricardo，1772—1823）为代表的土地收益边际递减规律，为世人描绘出世界经济未来发展的悲观图景。20 世纪 50 年代兴起的新古典经济增长理论走出古典经济学的悲观主义阴影，以资本的边际报酬递减为前提假设，将资本产出比内生化，并将技术进步作为外生变量引入，得到经济稳步增长的理论模型，以此重新寻找经济长期增长的可能性，成为理解经济增长的重要理论工具。然而，新古典经济增长理论模型在重视技术进步对经济增长的决定性影响的同时，也将技术进步视为外生因素变量，因而未能对 20 世纪中期全球经济发展的现实做出有力解释，导致理论模型与经济现实之间的脱节，也迫使经济学者寻找新的理论模型。加之 20 世纪 70 年代欧美发达国家与地区经济增长进入“滞胀”阶段，缓慢的经济发展迫切要求经济学家寻找到刺激经济增长的新对策。在这样的理论与现实背景下，以保罗·罗默（Paul

M.Romer，1955— ）等人为代表的经济学家提出了“内生增长理论”（The Theory of Endogenous Growth），将维持经济增长的动力转向技术进步和人力资本因素。

（二）发展演进

内生增长理论引入技术内生化、规模效益递增、知识外溢、专业化人力资本等概念，探索维持经济增长的内生动力，从而突破了新古典增长理论的局限性，成为经济学界理论研究的热点。内生增长理论的发展大致可分为两个阶段：第一阶段，在 20 世纪 80 年代，提出建立在完全竞争假设基础上的内生增长模型；第二阶段，从 20 世纪 90 年代开始，经济学家在垄断竞争假设基础上构建内生增长模型。[①]

1. 20 世纪 80 年代的内生增长模型

20 世纪 80 年代的内生增长模型研究以美国经济学家罗默（Paul M.Romer）、卢卡斯（Robert E. Lucas, Jr）、巴罗（Robert J.Barro）为代表。美国经济学家罗默的主要贡献在于提出生产四要素的理论（four factors of production），并把知识和专业化的人力资本视为推动经济增长的主要动力。对此，罗默提出知识具有溢出效应，强调了知识对经济增长的重要性，并进一步构建知识溢出模型（Knowledge spillover model），把知识作为独立因素纳入增长模式。卢卡斯的增长模型与罗默稍有不同，他认为全球经济范围内的外部性是由人力资本的溢出造成的，经济不需要依赖外生力量就能实现持续增长，人力资本积累是经济增长的源泉。巴罗（1990）则认为政府在经济增长的过程中起决定作用，并把宗教、法治、制度、政府体制等视为各国经济增长率、投资最重要的决定因素，例如，他提出公共投资具有很强的生产性，政府服务能促进规模收益递增，使经济得以实现内生增长，从而让内生增长理论与新古典增长理论相结合，为理解经济增长的决定因素提供最好的

---

① 吴易风，朱勇 . 内生增长理论的新发展［J］. 中国人民大学学报，2000, 14（5）.

框架。此外，以资本持续积累来解释经济内生增长的模型还有琼斯—真野模型（L. E. Jones – R.Manuelli model）和雷贝洛模型（S. Rebelo model）等。

2. 20 世纪 90 年代的内生增长模型

20 世纪 90 年代开始，部分西方经济学家基于垄断竞争的假设条件，出于对技术进步的具体内涵及形式的理解差异提出三种不同类型的内生增长模型，分别是产品品种增加型、产品质量升级型、专业化加深型。

产品品种增加型内生增长模型关注产品种类增加与经济增长的关系。在产品品种增加型内生增长模型中，根据对关注产品对象的不同，存在中间产品品种增加型和消费品品种增加型。前者以罗默的知识驱动模型为代表，后者以格罗斯曼—赫尔普曼模型（Grossman–Helpman model）为代表。产品质量升级型内生增长模型认为，产品质量的提高与产品种类的增加一样，均是产品创新的具体形式，有助于促进经济增长。与产品品种增加型内生增长模型一样，产品质量升级型内生增长模型也认同技术进步是经济增长的源泉，但产品质量升级型内生增长模型进一步指出分散经济可能导致均衡增长率过高，从而使经济的福利水平降低，政府应该对创新提供更多激励，通过制定经济政策使经济增长率达到合理的水平，从而实现经济的帕累托最优。专业化加深型内生增长模型则说明劳动者专业化水平的加深对经济增长的影响，其中较有代表性的成果是贝克尔—默菲模型（Baker–Murphy model），其认为劳动分工取决于工人的协调成本和知识存量，分工深化可以使经济产生规模递增的收益，提高产出水平。

随着内生增长理论的不断发展，其在实证领域的应用也得到经济学家的重视。现有的实证研究主要从两个方面进行：一是进行不同国家间的研究，寻找不同国家经济内生增长的源头和要素；二是在同一个国家利用时间面板的数据研究其经济增长因素。从内生增长理论的进展来看，它仍处于一个活跃发展的时期，尤其是自内生增长理论提出以来，引发学界对 R&D（研究与开发）、投入与经济增长之间关系的定量模型的建立，对熊彼特的创造性毁灭的重新探索。而在知识经济的时代背景下，现代科技对经济增长的推动作用必将持续刺激内生增长理论的进一步发展。

（三）理论观点

从内生增长理论产生背景、发展阶段、主要模型可以看出，内生增长理论为现代经济发展开辟了新的解释路径，其核心观点是“经济能够不依赖外力推动实现持续增长，经济长期增长率是由经济系统的内生因素所影响的，内生的技术进步是保证经济持续增长的决定因素”。由于在经济现实中，技术进步的具体形式具有多样化的特征，因此不同学者围绕不同的技术进步形式构建了多样化的内生增长理论模型，如罗默的知识积累模型、罗默的技术进步内生经济模型、阿罗的“边干边学”模型、卢卡斯的人力资本模型等，但这些模型在核心观点上基本保持一致，那就是：第一，知识积累与技术进步是维持经济长期增长的动力源泉；第二，人力资本在经济增长中具有重要影响；第三，政府部门的投资等政策对经济长期增长具有重要作用。上述观点的核心思想在于，将在劳动投入过程中涉及的因正规教育、培训、在职学习等而形成的人力资本，与在物质资本积累过程中包含着的因研究与开发、发明、创新等活动而形成的技术进步等要素内生化，提出生产要素的收益问题是影响经济增长的一个重要因素，从而得到因技术进步的存在要素收益会递增而长期增长率是正的结论。[①]

内生增长理论（Endogenous growth theory）兴起于20世纪80年代，形成的标志是保罗·罗默（Paul M.Romer）的《递增收益与长期增长》（1986）和卢卡斯（Robert E. Lucas）的《论经济发展机制》（1988）等相关研究。[②] 经过近半个世纪的发展，这一理论已经成为经济学发展的重要理论分支，内生增长理论在新古典经济增长理论基础之上发展而来，然而与新古典经济增长理论又有显著区别，主要在于内生增长理论更加强调经济增长是一个经济

---

① 薛辉蓉 . 内生增长理论与我国经济增长研究［D］. 苏州大学 .

② 朱勇，吴易风 . 技术进步与经济的内生增长——新增长理论发展述评［J］. 中国社会科学，1999（1）.

系统的内生结果而非来自外部力量的结果，[①]同时，把知识与人力资本等因素引入经济增长模型以解决收益递减规律与经济长期增长之间的矛盾，[②]由此深化了新古典经济学对经济增长的理论研究成果。内生增长理论揭示了经济增长的原因为：获取新知识（革新、技术进步、人力资本积累等）、刺激新知识运用于生产（市场条件、产权、政治稳定以及宏观经济稳定）、提供运用新知识的资源（人力、资本、进口品等），从而奠定了知识或技术等内在要素在经济增长中举足轻重的地位。内生增长理论深刻影响着过去 30 余年全球经济的发展，罗默也以其在“内生增长理论”研究中的学术贡献于 2018 年获得诺贝尔经济学奖。

（四）在旅游减贫研究中的应用

贫困问题是当今世界最尖锐的社会问题之一，是政治家和经济学家关注的焦点问题。我国政府长期以来关心如何实现经济增长，减少贫困、减缓贫困和消除贫困等问题。基于全球范围的产业发展来看，旅游产业正处于快速增长的阶段，对旅游目的地的经济起到了很好的带动作用，旅游在促进减贫、促进社区发展方面正在形成更广泛的国际共识。就中国旅游产业实践来看，农村贫困问题的产生，除了产业基础薄弱、区位条件闭塞、设施建设落后等外部因素限制，还包括人力资本不足、知识资源匮乏、技术能力薄弱等内在因素制约。[③]我国广袤的贫困地区不仅集老、少、边、穷为一体，也往往是生态环境良好、自然环境优美、历史传统浓厚、地方文化浓郁、旅游资源丰富的地区，适合通过乡村旅游、生态旅游、农业旅游、森林旅游等多种旅游开发带动区域经济增长与社会发展。同时，在旅游扶贫的实践中，资

---

① Romer, Paul M . The Origins of Endogenous Growth [J] . Journal of Economic Perspectives, 1994, 8 (1) .

② 刘伟，范欣 . 现代经济增长理论的内在逻辑与实践路径 [J] . 北京大学学报（哲学社会科学版），2019，56（3）.

③ 何琼峰，宁志中 . 旅游精准扶贫助推贫困地区乡村振兴的思考 [J] . 农业现代化研究，2019（5）.

本、文化、技术等要素的开发、利用、管理、保护等也发挥着越来越重要的作用。如何在旅游减贫的过程中激发旅游贫困地区的内源发展或实现贫困地区经济的内生性增长，是旅游减贫应该关注的重点，而内生增长理论的发展也为乡村地区实现旅游减贫提供了理论指导和实践思路。

1. 重视知识积累，促进经济增长

根据内生增长理论，知识积累与技术进步是维持经济长期增长的动力源泉。贫困地区制约因素之一是知识资源，减贫战略应该将关注重点从贫困居民的收入增长转向贫困居民的知识技能增长，收入增加是知识技能增长的结果。因此，关注贫困居民知识技能增长、提高贫困地区的知识资源水平，是实现贫困地区脱贫的关键。内生增长理论强调，在资本存量相对较大、人口受教育程度高、有利于知识积累的经济环境下，经济增长往往更快。[①] 因而，在旅游减贫中要重视乡村居民的知识教育，聚合乡村旅游发展的智力资源，加强农民自主获取知识、吸收知识和交流知识的能力，引导他们将知识积累转化为创造财富的基本手段，以此可为旅游减贫提供持续的内生动力。

2. 投资人力资本，巩固减贫绩效

贫困地区人口最稀缺的资本就是人力资本，有研究表明，人力资本是促进经济增长和发展的关键因素，对减贫具有长期、积极、显著的作用。[②] 内生增长理论将知识和人力资本引入增长模型中，从理论上说明了人力资本积累在经济增长中的重要作用，[③] 巴罗也在其内生增长模型中指出人力资本积累是经济发展进程的重要部分，证明了人力资本（教育水平）与经济增长之间存在显著的正相关关系。[④] 基于内生增长理论，在旅游减贫的过程中应该

---

① 方劲．内源性农村发展模式：实践探索、核心特征与反思拓展［J］．中国农业大学学报（社会科学版），2018，35（1）．

② Bosede Comfort Olopade, Henry Okodua, Muyiwa Oladosun, et al. Human capital and poverty reduction in OPEC member-countries［J］. Elsevier Ltd., 2019，5（8）.

③ 刘伟，范欣．现代经济增长理论的内在逻辑与实践路径［J］．北京大学学报（哲学社会科学版），2019，56（3）．

④ 胡鞍钢，李春波．新世纪的新贫困：知识贫困［J］．中国社会科学，2001（3）．

大力培养一批懂旅游的新型农业人才，吸引“城归”和外出务工人员回流，充分挖掘旅游贫困地区的非物质文化遗产传承人、乡村工匠等传统文化人才和实用人才，对人力资本的投资就是对贫困地区和贫困人口最重要、最经济、最有效的投资。

3. 提高技术进步，激发内生增长

贫困地区受恶劣的自然条件和经济条件限制，导致技术创新投入严重不足，缺乏具有经营管理、接待服务能力的管理人才与服务人才。技术要素在减贫的过程中正发挥着越来越重要的作用，旅游减贫战略的实施离不开技术进步。根据内生增长理论的核心思想，内生的技术进步是保证经济持续增长的决定因素，依靠技术进步，整合旅游资源要素全域发展，才能使旅游减贫效果事半功倍。在内生增长理论的指导下，农村贫困地区的技术创新模式应该围绕旅游支柱产业的发展，以政府力量为主导，大力支持旅游科技下乡，营造良好的科技创新政策环境，鼓励农户积极参与技术创新，以突破旅游减贫中的技术难题，最终实现贫困地区的旅游经济可持续增长。综上，内生增长理论强调资源型地区要转变对物质资本、自然资源等要素的过度依赖，更加重视对知识资源、人力资本、技术等要素的投入；内生增长理论能为乡村贫困地区在旅游减贫的过程中提供理论指导，带领乡村旅游地区由资本积累向知识积累转变，由资源依赖向人才依赖转变，由低技术层次向自主创新转变，真正实现乡村旅游地区经济的内生性增长。

二、包容性增长理论

（一）产生背景

1. 国际背景

包容性增长（Inclusive Growth）又称包容性发展或共享式增长，也可译作共享性增长。包容性增长的提出，是基于在人类社会经济增长过程中出现了有增长但是没发展、增长的机会和成果没有惠及社会各阶层的背景。[①]2003 年，中国著名经济学家林毅夫先生在学术探讨中提出“包容性发展”的思想。[②]2004 年 10 月 11 日，林毅夫在亚洲开发银行（Asian Development Bank，ADB）总部马尼拉做 2004 年度“杰出学者演说”，题目为“发展中亚洲国家以及所有人民的增长方式的发展战略”，这是“包容性增长”作为公共政策实践和政府施政策略理念首次出现在多边国际场合。2007 年，亚洲开发银行在年度报告《亚洲发展展望》之“中国篇”中正式提出“包容性增长”；同年，亚洲开发银行召开“新亚太地区的包容性增长与贫困减除”主题国际研讨会，与会成员达成“增长必须具备包容性、可持续性以及更为民众所认同”的共识。2008 年，世界银行（World Bank）明确指出，构建和实践可持续增长与包容性发展的战略，可取得巨大成果并为民众所广泛共享。[③]21 世纪初至今，在全世界范围内财富快速增长的同时，收入与非收入不平等现象日益加剧。伴随不平等维度从经济扩展到政治、社会等多重领域，收入分配不公和发展机会不平等成为一个世界性的问题。[④]2008 年，全球金融危机爆发，贸易保护主义不断上升，贸易与投资自由化受到冲击，国际经济政治形势日益复杂。为有效应对世界经济面临的风险和挑战，实现世界经济可持续增长，维系世界和平发展与和谐稳定，世界不同国家与地区开始寻求并加强交流合作、推进贸易和投资自由化的渠道，在经济全球化和经济发展成果普惠方面达成共识，这也为“包容性增长”从理念走向实践、从部分国家认可到达成世界共识提供了重要的时代背景与历史契机。

2. **国内背景**

包容性增长在中国的发展与实践与国内社会长期不均衡发展的历史背景

---

① 武鹏 . 包容性增长的理论演进研究［D］. 云南大学，2015.

② Justin Lin. Development strategy, viability, and economic convergence［J］. Economic Development and Cultural Change，2003，51（2）：276–308.

③ 朱春奎，严敏，曲洁 . 包容性增长的由来与理论要义［J］. 东岳论丛，2012，33（3）.

④ 沈广和，刘祖云 .“包容性增长”的社会关注及其理论拓值［J］. 南京工业大学学报（社会科学版），2012，11（1）.

息息相关。改革开放以来，中国政府率先实施渐进改革、区域倾斜、递次开放的非均衡经济发展战略，这对于启动国内经济体制改革、助推经济起飞具有至关重要的作用。[①] 在改革开放初期，这一不均衡发展策略极大地解放了社会生产力，提高了生产要素的利用效率，并长期推动着我国经济的高速增长。然而，在经济增长的同时，社会基尼系数也随之上升，尤其是进入2000年之后，城乡差距、贫富差距、地区差距持续扩大，社会矛盾日渐突出。有学者以“断裂”一词概括20世纪90年代至21世纪初我国社会结构的演变历程，[②] 充分阐释了经济增长与社会发展之间所呈现的严重脱节情况。与此同时，依靠要素投入维持的高速经济增长，使得经济发展与生态保护之间的矛盾逐步加剧。在新的发展阶段，社会经济的长期可持续发展迫切需要新的理论指导，这为包容性增长理论在我国的发展创造了条件。

（二）发展演进

包容性增长的提出并非一蹴而就，自20世纪中期以来，世界主流经济学家对经济增长的认识不断深化，增长理论沿着单纯强调增长、广泛基础的增长、益贫式增长再到包容性增长的逻辑演进。[③] 单纯强调增长的理念基于Kuznets的倒U型曲线，即每个国家在经济发展之初，不平等现象都会首先呈现上升态势，随着经济的发展与社会财富的积累，不平等现象会逐渐趋于下降，即通过经济发展中的涓滴效应自动消除社会经济不平等问题。然而，这一倒U型曲线发展理念更多地停留于理论层面，大量的实证研究结论难以支持这一理论假说，[④] 众多的国家与地区的经济发展实践表明，随着经济发展，社会不平等并不会自然呈现降低趋势。世界银行于1990年提出“广泛基础的增长”。广泛基础的增长的提出很大程度上在于改变社会经济发展

① 任祎君．“包容性增长”的理论内涵［J］．社会主义论坛，2010（12）．
② 孙立平．断裂：20世纪90年代以来的中国社会［M］．北京：社会科学文献出版社，2003.
③ 蔡荣鑫．“包容性增长”理念的形成及其政策内涵［J］．经济学家，2009（1）．
④ 陈华，张梅玲．包容性增长：理论、演进及中国的路径选择［J］．管理现代化，2011（1）．

中的不平等现状，是一种基于市场导向、能够充分利用劳动力并使其发挥自身最大能力的、劳动密集型的增长模式，更加关注扩展穷人的就业机会。在减贫战略中，广泛基础的增长核心思路在于扩展贫困居民就业机会和提升贫困人口发展能力两个方面。通过创造和增加劳动力的需求，为贫困人口提供更多谋生的经济机会，同时，通过广泛提供基本的社会服务，改善贫困人口的人力资本状况，提高其谋生的能力。[①] 随着对发展中国家与地区贫困问题的关注和研究深入，益贫式增长理念被提出，并迅速成为发展经济学理论研究的热点。益贫式增长理论的核心是强调经济增长过程中贫困人口的参与，形成一种使贫困人口“参与——获益——增加自身人力资本——再参与”的良性循环机制。益贫式增长理念的形成及其在实践中的广泛应用，表明人们对于贫困的认识已经突破了收入贫困理论以及“涓滴假说”的局限，开始意识到有必要重新反思和检讨经济增长模式与战略，针对贫困问题采取特定的措施，而不是坐视不管或期望经济增长本身能自动实现贫困的减除。[②] 亚洲开发银行于 2007 年首先提出包容性增长的概念。包容性增长的提出主要针对人类社会经济发展中有经济增长却没发展的现象，经济增长的成果并没有惠及社会各阶层群体。包容性增长的提出为全球减贫事业发展与脱贫研究提供了新的思路和理论指导。

（三）理论观点

按照亚洲开发银行的解释，包容性增长指向“社会和经济协调发展、可持续发展”的一种发展状态。因而，包容性增长与单纯追求经济增长相对立，核心思想是倡导机会平等的增长，基本目标是公平合理地分享经济增长、让更多的人享受全球化成果，本质涉及“平等”与“公平”的价值问题，包括可衡量的标准和更多的无形因素；可以考虑的实现措施包括加强中

---

① 朱春奎，严敏，曲洁 . 包容性增长的由来与理论要义［J］. 东岳论丛，2012，33（3）.

② 陈华，张梅玲 . 包容性增长：理论、演进及中国的路径选择［J］. 管理现代化，2011（1）.

小企业和个人能力的建设、保持经济增长的平衡、推行投资和贸易自由化、反对投资和贸易保护主义、重视国家与地区的社会稳定等。[①] 虽然不同学者对包容性增长内涵的界定各不相同，但在核心思想、基本目标、内容本质等方面存在着一定的共识。已有研究成果中对包容性增长的核心观点主要有以下几个方面：

第一，把包容性增长界定为机会平等的增长（Ali and Zhuang，2007；ADB, 2007）。这一类定义强调包容性增长的核心是机会平等，而机会平等包括参与经济增长的机会和分享经济增长成果的机会，即强调通过高速和可持续的经济增长来创造就业和其他发展机会，又强调在经济增长过程中通过机会不平等的减少与消除来促进社会公平增长的共享性。就前提而言，快速且可持续的增长应该建立在广泛的人口和区域基础上，包括大部分经济活动的参与者、穷人和弱势群体；从结果角度看，希望通过包容性增长，实现可持续和平等的增长、赋予权能、社会包容和安全（Ali，Son，2007）。

第二，基于对贫困和弱势群体的关注，认为包容性增长是益贫式增长（PPG）。这一类定义的提出是基于"经济增长过程中各阶层的获益状况会出现分化，贫困和弱势群体很难从增长中受益"的研究结果（Belsey et al., 2007）。强调包容性增长应当使贫困和弱势群体获得充分的从经济增长中分享收益的机会，使其多受益，让低收入群体过上有尊严的生活，进一步提高其参与经济活动的积极性。例如，Birdsall（2007）认为，包容性增长作为一种发展战略，它是益贫式增长的扩展，这种发展具有广泛性，能使发展中国家的大多数人从经济增长中获益，实现实质性发展。由于这一发展模式重视社会各阶层的广泛参与和发展，有利于形成社会共识，实现社会稳定，在经济与政治上更具有持续性。

第三，基于普惠视角界定包容性增长。从中国经济发展普惠对象来看，包容性增长的"普惠性"体现在通过物质财富的不断积累实现全体民众逐步

---

① 任祎君．"包容性增长"的理论内涵［J］．社会主义论坛，2010（12）．

过上富裕生活的目标。具体在收入分配领域，希望通过包容性增长，提高居民收入在国民收入中的比重和劳动报酬在初次分配中的比重，缩小收入差距，实现公平分配。而在国际交往的层面，需要通过包容性增长，让经济的发展成为一种在国家与国家、地区与地区之间的“开放性增长”局面，即国家与国家之间在开展经济合作的同时，应该互相关照、互惠互利、携手发展，实现共赢的局面。

（四）在旅游减贫研究中的应用

旅游业因具有投资少、见效快以及就业门槛低、产业关联度广等特点，被认为是促进经济增长和减缓贫困的重要工具，[①] 旅游业因其在贫困地区良好的发展潜力而被赋予新的使命。近年来，随着经济增长方式的转变，包容性增长理论逐渐被运用到旅游减贫中，在旅游减贫中发挥了重要作用。

1. 以人为本，促进就业，改善生活

包容性增长理论不仅注重经济的不断发展，更加注重人力资源的开发，注重创造公平的发展机会。旅游业是典型的劳动密集型产业，就业门槛低，发展旅游业能够为贫困人口创造大量的就业和收入机会，促进当地居民共同参与旅游业发展，促进收入的不断增加，改善并提高当地居民的生活水平。

2. 经济增长与资源协调发展，促进可持续发展

随着旅游业的不断发展，许多地区为发展旅游业、寻求经济的快速增长而过度开发现有资源，破坏生态环境，巨大的生态环境压力已经成为地区经济持续增长最严重的制约因素之一，地区资源环境与经济增长之间不协调，这种增长方式不能维持可持续发展。包容性增长正是在这样的时代背景下产生的，主张经济增长与社会增长同步，实现经济发展与自然以及社会各方面相包容。[②] 在旅游减贫中应用包容性增长理论，在追求经济增长的同时兼顾经济发展的质量，注重旅游业的多元化发展，不仅仅局限于对旅游资源的开

① 李如友，郭鲁芳 . 旅游减贫效应之辩——一个文献综述［J］. 旅游学刊，2017，32（6）.
② 杜蘅 . 科学发展观视野下包容性增长理论探析［J］. 科技创业月刊，2013，26（12）.

发，更要全方位发展，吸引投资，促进企业广泛参与。对现有资源做到在开发中保护、在保护中发展，做到人与自然和谐相处，实现经济增长与环境保护相协调，营造良好的旅游环境，实现地区的可持续发展。

3. 共享经济，促进收益公平，缩小贫富差距

在旅游减贫的实践过程中，部分研究者发现旅游发展并非总是对贫困减缓产生积极作用，也可能造成贫困地区居民的阶层化，漏损、低收入和季节性等问题的存在使旅游发展成为拉大贫富差距、加剧相对贫困的“始作俑者”。他们认为在旅游收益中，精英群体获得了其中的大部分，其他居民的直接经济收益微乎其微，贫困群体从旅游发展中获取少许收益，但中等收入群体和高收入群体获得更大的份额，造成贫富差距的进一步拉大。[①] 而包容性旅游重视机会公平，强调旅游发展成果的相对公平分配，对于调动旅游发展中各主体的积极性具有重要意义。包容性旅游强调要实现公平性的增长，使经济发展的成果惠及更多的老百姓，尤其是要惠及贫困和弱势群体，以此确保所有民众都能共享经济增长成果。[②] 只有实现地区旅游经济的包容性增长，保障和改善民生，才能让经济发展成果惠及贫困地区所有人群，才能做到真正的旅游减贫。

三、旅游影响理论

（一）产生背景

旅游是一个复杂的社会经济活动，在旅游领域，旅游者、旅游地居民、旅游地环境、旅游服务供给者之间产生了特定的社会经济关系和文化变迁运动，构成了微妙且复杂的关系和作用条件，这些关系和作用条件即旅游的影响，在旅游领域是普遍存在的。另外，旅游业是经济社会文化发展到一定阶段的产物，反过来说，旅游业的发展也对地区经济社会文化造成一定

① 李如友，郭鲁芳．旅游减贫效应之辩——一个文献综述［J］．旅游学刊，2017，32（6）．
② 杜蘅．科学发展观视野下包容性增长理论探析［J］．科技创业月刊，2013，26（12）．

的影响。旅游囊括 4 个基本的因素，其中，旅游目的地吸引力、旅游需求、旅游终结这 3 个因素直接导致了第 4 个因素的产生——一系列的旅游影响，即旅游影响从根本上是旅游本身的结果。[①] 国内外大量实践也表明，旅游发展会对地方经济、社会结构、文化传统和生态环境等产生广泛而深远的影响[②]，能增加旅游目的地居民的经济收入、提高当地人的生活质量、改善农户的知识和修养，并且旅游目的地越贫困、越远离城市，受到的旅游影响就越大。

（二）发展演进

伴随着旅游业的蓬勃发展，早在 20 世纪 40 年代，国外便率先开始对旅游的影响展开研究，很快在国际范围内掀起一阵学术热潮，并逐渐成为旅游研究中一个范围广阔且意义深远的领域，在这一领域里，国内的研究起步较晚。由于受到社会主流价值观的影响，人们长期认为旅游是具有经济性质的社会现象，旅游影响这一问题的形成首先是源于对旅游业经济贡献的研判，所以直到 20 世纪 60 年代，对旅游影响的研究普遍倾向于关注旅游的经济效应，主要关注旅游经济的形成对国民生产总值的贡献、对相关产业的拉动作用等。随着社会文化的转向，1960 年以来，对旅游影响的研究开始扩展到社会文化方面，关注经济欠发达地区在旅游发展过程中当地社会文化、思想观念等受到的影响。从 1970 年开始，旅游环境影响逐渐成为旅游研究的热点问题之一，人们开始反省旅游在带来经济效益的同时，也会造成目的地的生态环境的改变。[③]

（三）理论观点

旅游影响是指由于旅游而形成的事物之间发生的相互作用和结果。谢彦

① 张文 . 旅游影响——理论与实践［M］. 北京：社会科学文献出版社，2009.

② 姜辽，苏勤，杜宗斌 . 21 世纪以来旅游社会文化影响研究的回顾与反思［J］. 旅游学刊，2013，28（12）.

③ 王子新，王玉成，邢慧斌 . 旅游影响研究进展［J］. 旅游学刊，2005（2）.

君（2004）在其《基础旅游学》中将旅游影响定义为：由于各种旅游活动而引发的一系列利害影响，旅游的影响普遍存在于旅游客源地社会、旅游目的地社会、旅途的环境变化等，而对于旅游目的地居民的影响是最直接的。旅游影响研究的内容较为丰富、广泛，涉及因旅游的发生和发展过程中形成的社会生活变化、旅游地居民文化的变化、旅游地的自然环境和社会生活环境变化等多个方面，具体包括人们意识心理的变化、社会组织的变迁、生活状况的改变、政治经济的影响和变化等。

学术界普遍地把旅游影响研究概括为 3 个方面：旅游对经济的影响、旅游对社会文化的影响、旅游对环境的影响。

第一，旅游对经济的影响是指旅游活动对一个国家或地区的经济产生的影响，通过发展旅游业能实现相关旅游产业链的联动发展，对地区经济增长具有很强的拉动作用，促进经济整体发展，具体表现出的正面经济影响包括：调整产业结构、缩小地区差距、增加就业机会、实现收益二次分配、实现地区经济多样化和稳定化等。

第二，旅游对社会文化的影响是指旅游活动对目的地社会的价值观和意义体系以及社会生活质量所产生的影响[①]，具体表现为旅游目的地社会结构、生活方式、价值观念、语言习惯、民俗风情、道德规范等方面产生的不同程度的变化，旅游已经渐渐成为人们生活中不可或缺的重要组成成分，旅游活动的深入开展使得旅游者与旅游目的地居民间的接触逐渐规模化、群体化和持续化，由此带来的社会文化影响是不容忽视的，对旅游目的地的发展具有重要的意义。

第三，旅游对环境的影响是指发展旅游业对旅游目的地生态环境带来的种种影响，具有较广的覆盖面，包括基础设施、自然环境、人文环境等方面，在旅游开发之前进行环境影响评价，有效地降低旅游开发过程中对环境的消极影响，能实现旅游目的地发展与环境保护的目的。

---

① 唐晓云．古村落旅游社会文化影响：居民感知、态度与行为的关系——以广西龙脊平安寨为例［J］．人文地理，2015，30（1）．

（四）在旅游减贫研究中的应用

旅游影响是一个中性概念，既有积极影响，又有消极影响，通过旅游影响研究，能揭示旅游发展过程中的内在联系和变化规律。综合来看，旅游影响是客观存在的事实，我们需要辩证地去看待，因此，在旅游减贫过程中，对旅游带来的影响需要做深刻全面的分析，从而加强和促进旅游积极影响的产生，对贫困地区持续减贫具有重要的作用和意义。

1. 旅游经济影响方面

旅游业是具有长期发展潜力的经济支柱之一，旅游经济被视为一种可行的经济增长手段。由于旅游业的广泛产业带动性、强劲的发展动能以及在促进消费方面的重要作用，旅游业已经被确定为国家战略性支柱产业。通过旅游资源开发促进贫困地区脱贫，实质上是旅游经济影响的重要内容。广大贫困地区与贫困人口之所以可以通过旅游发展实现脱贫，关键在于旅游经济发展所创造的大量劳动密集型工作岗位，为实现贫困居民的本地化劳动就业和本地化农产品销售提供了便利。

2. 旅游社会文化影响方面

旅游已经成为当今社会最大规模的人际交往活动，相比旅游的经济和环境影响而言，旅游的社会文化影响更长远、更深刻、更具有渗透性。居民是旅游开发活动的接待者和参与者，在旅游发展过程中承担着多重社会角色，是重要的旅游利益相关者之一。[①] 旅游开发和发展所带来的一系列影响已经渗透到了旅游社区居民的日常生活中，旅游地居民对旅游影响的积极感知能直接影响其对旅游产业发展的态度和旅游参与度。[②] 在旅游减贫实践中，旅游社会文化影响的发挥主要体现在参与旅游接待改变贫困居民的价值观念、

---

① 吴丽敏，黄震方，谈志娟，等．江南文化古镇居民旅游影响感知及其形成机理——以同里为例［J］．人文地理，2015（4）．

② 张鲸，李强，李诗雨．世界遗产地居民对旅游影响的感知研究——以北京昌平区十三陵镇昭陵村和长陵村为例［J］．城市发展研究，2019，26（5）．

改变贫困居民对传统文化的认知、改变贫困地区的社会结构等方面。虽然旅游的社会文化影响并不能直接带来贫困人口的收入增长，但对于贫困人口的长期发展具有突出作用。

（1）旅游改变居民价值观念，助推旅游减贫

价值观念作为社会文化的重要组成部分，是一个人认识、理解或判断事物是非的思维倾向，决定了一个人的处事行为，由于价值观念具有主观性的特点，因此在旅游发展浪潮中极易受到影响。在旅游发展过程中，伴随着主客之间深入而持续的交流，贫困地区居民的价值观念与思维方式将会发生显著改变。一方面，市场经济的观念与商品意识显著增强。这对于长期被土地所束缚的贫困农民而言是一项突破性变革，可以让其走出小农经济的传统思维。在旅游经济中，不仅农副产品可以销售，农业景观、乡村生态环境、传统农耕生产生活方式等均可以作为旅游产品进行销售，以增加贫困居民的收入水平。另一方面，竞争意识的增强有助于激发贫困居民的创造性和主观能动性。在参与旅游经济发展的过程中，与传统农业生产不同，旅游收入的多寡与耕地面积、气候等不再有直接关联。参与旅游接待过程中，游客选择符合市场需求的旅游经营产品，不同的市场主体和经营者在旅游经济中优胜劣汰。成功的乡村旅游经营者不仅在市场竞争中赢得市场的认可，也在村民中充分体现其优秀的个人能力，在传统的乡土人情社会中树立榜样，对其他乡村居民具有较好的模范带动作用。

（2）旅游改变居民文化认知，助推旅游减贫

我国尚处在快速城镇化发展的阶段，城乡二元社会结构让很多居民误以为乡村是落后、愚昧的代名词，广大乡村居民更是视城市生活、城市器具、城市文化为先进的代表，而对自身的传统农业文化、民族文化具有一定的自卑心理。对城乡文化的错误认知和严重偏见一定程度上加剧了乡村的衰落，也阻碍了乡村的发展与振兴。而旅游经济的发展对于这一错误的文化认知具有很好的“纠偏”作用，让贫困居民重新树立起文化自信。

旅游经济的发展在贫困居民与城市游客之间架起了一座桥梁，城乡居民

通过旅游不断展开多方位的互动与交流。当城市游客源源不断地从全国各地涌入曾经发展滞后的贫困乡村时，便会不断激发贫困居民重新思考和认识其所在的乡村社区的魅力与价值。而与游客的交流，使贫困居民深刻认识到乡村地区的传统文化正是其核心吸引力，这将重塑乡村居民的文化认知。在旅游经济的刺激之下，乡村居民也将会重拾传统文化技艺，激活传统民俗文化资源。

因此，在旅游的影响下，贫困居民将改变其对传统文化的认知，重新认识到传统文化的时代价值，并通过文化商品化为贫困居民带来额外的旅游经济收入。

（3）旅游改变贫困地区社会结构，助推旅游减贫

旅游作为涉及面广、综合性强的产业，对贫困旅游地区的社会结构影响意义深远，主要体现在家庭就业和角色地位转变上。[①] 一直以来，在传统的贫困地区或少数民族地区，女性的家庭地位普遍不高，而发展旅游业以来，收入的增加、经济地位的改善使得旅游目的地妇女的角色逐渐从家庭经济中的“附庸”地位转变为“主角”，绝大部分女性在旅游发展过程中凭借良好的创造能力和女性的亲和力，牢牢抓住旅游开发带来的就业机会，积极进行角色再造，跻身为旅游服务的中坚力量，从而实现了经济独立，展现了自我价值，获得了社会尊重。[②] 因此，社会结构重构能够使贫困地区妇女通过参与传统手工艺制作和从事旅游经营活动达到自主创收，实现减贫的目的。

3. 旅游环境影响方面

旅游目的地的自然生态环境是重要的旅游吸引物，是旅游业得以高质量发展的关键。故在旅游经济发展中，对旅游地的生态环境往往具有较高的要求。开发旅游资源，有助于改善贫困乡村地区的生态环境。而游客的到访及

---

① 姜辽，苏勤，杜宗斌 . 21 世纪以来旅游社会文化影响研究的回顾与反思［J］. 旅游学刊，2013，28（12）.

② 谢婷，钟林生，陈田 . 旅游对目的地社会文化影响的研究进展［J］. 地理科学进展，2006（5）.

其对生态环境治理的认可，有助于对贫困乡村地区的生态环境治理形成正向反馈。良好的生态环境与旅游的互动发展，有助于激发贫困村民在环境治理与环境保护中的主体性和能动性，自觉承担起保护环境的责任与义务。良好的生态环境在改善贫困人口的人居环境质量的同时，也显著提高了贫困居民的精神面貌。

四、旅游乘数理论

（一）产生背景

乘数概念起源于 19 世纪后半叶，当时人们已经开始意识到任一行业的发展都会导致其他相关行业的发展和变化，从而在整个经济活动中形成一种“倍增”的效应。[①]20 世纪 20 年代末至 30 年代初，经济学界掀起一股乘数理论研究高潮，如 Pigou（1929）、Boserup（1930）、Giblin（1930）和 Warming（1929，1930）等经济学家从不同视角提出了各自的乘数分析方法，其中，英国经济学家卡恩于 1930 年最早提出乘数概念，并将其作为经济分析的工具。[②] 其后，凯恩斯等经济学家进一步完善了这一理论，用以说明某行业的一笔投资或收入不仅能增加本部门的收入，而且会在整个国民经济中起到连锁反应，最终会带来数倍于这笔投资款的国民收入的增加量，这就是乘数效应。[③]

自 20 世纪 50 年代以来，旅游经济在世界各地迅速发展，成为许多国家重要的经济支撑之一。由于旅游经济的存在和发展必须依靠物质生产部门的支持，因此，旅游经济对其他经济部门和整个国民经济产生了较大的促进和带动作用。例如，旅游者的交通运输必须依靠飞机、汽车等机车制造业，而这些制造业的发展又带动了钢铁工业、有色金属工业的发展；旅游者的住宿

---

① 张艳．乘数理念下研究旅游发展对青岛市的经济贡献［J］．中国商贸，2013（12）．
② 匡林．关于旅游乘数理论的几个问题［J］．华侨大学学报（社会科学版），1996（3）．
③ 张艳．乘数理念下研究旅游发展对青岛市的经济贡献［J］．中国商贸，2013（12）．

需要通过建筑业建造宾馆、饭店，从而又带动了建材业的发展；旅游者的膳食需要农业部门提供丰富多样的农副产品；旅游者的购物也需要轻工业和手工业提供各种旅游商品；等等。

可见，旅游经济的发展必然会促进许多与旅游相关的行业的生产发展，从而带动整个国民经济的发展。由于旅游业的发展对众多行业产生影响和关联作用，因而旅游学术界开始应用经济学中的乘数理论。1955 年，意大利经济学家特罗伊西发表了《旅游及旅游收入的经济理论》一文，首开西方经济学界研究旅游经济效应的先河。①20 世纪 80 年代，随着旅游业的不断发展，一些学者将乘数理论应用到旅游产业当中，并结合旅游经济的实际加以修正和发展，形成了旅游乘数理论，并对旅游乘数效应进行了分析和研究，用以说明旅游经济的关联效应，以及其在国民经济中的重要地位和作用。

（二）发展演进

"乘数"是经济学中的一个基本概念，即由于国民经济各部门的相互联系，任何部门的最终需求变动都会自发地引起整个经济中产出、收入、就业等水平的变动，后者的变化量与引起这种变动的最终需求量之比即是乘数。②

旅游乘数是指由于旅游收入、旅游消费、旅游投资或旅游服务进出口引起旅游经济增长的倍数或就业人数的增加。旅游乘数是借用经济学中的乘数概念，来定量分析和揭示影响旅游经济增长状况的重要方法，也是衡量旅游经济在国民经济中的地位和作用的重要定量指标。长期以来，国内外学者对其基本原理和主要旅游乘数进行了大量的探讨和研究，形成了符合旅游经济实际的旅游乘数概念。③

旅游研究中运用的乘数分析方法，最初来自经济学家凯恩斯的投资乘数

① 赵全科 . 旅游概论［M］. 青岛：中国海洋大学出版社，2010.
② 匡林 . 关于旅游乘数理论的几个问题［J］. 华侨大学学报（社会科学版），1996（3）.
③ 罗明义 . 旅游经济学［M］. 北京：北京师范大学出版社，2009.

理论。马西森（Mathieson）和沃尔（Wall）（1982）提出了旅游乘数概念的雏形，即“旅游乘数是这样一个数值，最初旅游消费和它相乘后能在一定时期内产生总收入效应”，这一定义在一定程度上揭示了旅游乘数的本质，但它将旅游乘数仅仅理解为旅游收入乘数，因而具有很强的片面性。我国旅游学者李天元（1991）认为，“旅游乘数是用以测定单位旅游消费对旅游接待地区各种经济现象的影响程度的系数”。这一定义间接地说明了旅游乘数种类的非单一性及各个乘数值间的差异。[①] 世界著名的旅游学者、英国萨瑞大学的阿切尔教授及其他的旅游学者在近 30 年的研究工作中逐步发展和完善了旅游的乘数分析方法，使之成为各国学者和官方机构分析旅游对于经济影响的有力工具。[②] 根据阿切尔的定义，旅游乘数是指旅游花费在经济系统中（国家或区域）导致的直接、间接和诱导性变化与最初的直接变化本身的比率。这一定义在一定程度上揭示了旅游乘数的本质，但它也将旅游乘数仅仅理解为旅游收入乘数，因而也具有一定的片面性。[③]

综上，旅游乘数的完整定义可表述为：旅游乘数是用以测定外来游客单位旅游消费对旅游接待地区各种经济现象的影响程度的系数，它是指产出、收入、就业和政府税收的变化与旅游支出的初期变化之比。这一定义间接地说明了旅游乘数种类的非单一性以及各种旅游乘数值之间的差异。可以说，旅游乘数理论是旅游促进接待地区经济发展的理论根据。[④]

（三）理论观点

由于旅游经济有较强的关联效应和带动力，使人们加强了对旅游乘数及其效应的研究。围绕旅游乘数理论的相关研究，其核心观点主要有两个方面：一是旅游乘数的构成；二是旅游乘数效应的三个阶段。

---

① 匡林 . 关于旅游乘数理论的几个问题［J］. 华侨大学学报（社会科学版），1996（3）.
② 李亚非 . 旅游经济［M］. 北京：中国林业出版社，2001.
③ 李亚非 . 旅游经济［M］. 北京：中国林业出版社，2001.
④ 李亚非 . 旅游经济［M］. 北京：中国林业出版社，2001.

1. 旅游乘数的构成

国内外学者已有的研究认为：旅游乘数主要包括旅游收入乘数、旅游产出乘数、旅游就业乘数、旅游投资乘数、旅游进口乘数等内容。

（1）旅游收入乘数

旅游收入乘数，是指旅游消费所带来的旅游总收入与旅游消费之比，即旅游直接收入、旅游间接收入与旅游诱导收入的总和，再除以旅游消费总额的比值，从旅游收入方面说明旅游消费所产生的旅游经济效应，也可以通过与国民收入进行比较，以反映其对国民经济的作用和影响。收入乘数有两种表示方法，即标准乘数和比率乘数。前者可以通过“直接收入 + 继发收入”与“特定部门最终需求增加量”之间的比值来计算；后者则可以通过“（直接收入 + 间接收入）/ 直接收入”或“（直接收入 + 继发收入）/ 直接收入”来计算。

（2）旅游产出乘数

旅游产出乘数，是指增加单位旅游消费对旅游目的地国家或地区的直接效应和带动效应，并引起整个旅游总收入的增长量，它度量的是单个旅游消费对旅游总产出的影响。旅游产出乘数的计算，一般是用边际旅游收入（旅游增加值或国内生产总值）除以边际旅游消费来表示，其反映了增加单位旅游消费支出所引起的旅游目的地国家或地区旅游经济和国民经济总值的增加。

（3）旅游就业乘数

旅游就业乘数，是指由于旅游收入或旅游消费支出增加所引起的社会就业岗位数量的变化。旅游就业乘数有两种表示方法：一是旅游总就业效应，是指旅游总收入或旅游总消费与全部旅游就业（包括直接就业和间接就业）人数的比值，其反映了在一定时期内旅游收入或旅游消费对社会就业的带动作用和水平；二是旅游业就业效应，是用旅游收入或旅游消费所带来的直接与间接就业人数之和同直接就业人数之比来表示，其反映了旅游就业对相关社会就业的带动作用。因此，通过使用上述两个旅游就业乘数就可以综合分析旅游经济对社会就业的带动作用和影响。

（4）旅游投资乘数

旅游投资乘数，是指旅游投资所引起的旅游收入增长变动的关系。旅游投资乘数是一定时期内新增直接和间接旅游投资之和与新增旅游收入或旅游增加值的比值，其反映了增加单位旅游投资对旅游总产出的带动效应；还可以通过与国内生产总值进行比较，以反映旅游投资对整个经济增长的作用和影响。

（5）旅游进口乘数

旅游进口乘数，是指每增加单位旅游收入最终导致旅游目的地国家或地区总进口额增加的比率关系。该乘数表明一个国家或地区随着旅游经济的发展，旅游企事业单位及向旅游业提供产品和服务的其他相关企事业单位向国外进口物资、设备等数额的增加量与总进口增量的关系，体现了旅游经济对旅游目的地国家或地区进出口总额的影响。

2. 旅游乘数效应的三个阶段

旅游乘数效应分析的是外来游客消费支出在“注入”目的地经济系统后，由于种种原因会有一部分流失于旅游目的地经济系统之外，剩余部分会在旅游目的地经济系统内逐渐渗透，依次发挥直接效应、间接效应和诱导效应，直至外来资金在目的地经济活动中少到可以忽略不计为止。一般而言，旅游乘数效应通过以下三个阶段发挥作用。

（1）直接效应阶段

旅游者原生旅游消费对经济系统中旅游企业（如旅行社、饭店、旅游景点等）在产出、收入就业等方面造成的影响称为旅游消费的直接效应。

（2）间接效应阶段

直接获得旅游收入的部门和企业为了经营和扩大再生产，向其职工支付工资以及向相关部门与企业购买产品和服务，而使这些相关部门与企业增加了收益。同样，这些部门和企业在再生产过程中又将这部分收益用于购买当地其他企业的产品和服务，如此循环下去，未流出该地的旅游收入便在旅游目的地经济系统中逐渐渗透，促进当地相关部门和企业收入、就业等总量增加，由此形成所谓的间接效应。

（3）诱导效应阶段

所有直接或间接为旅游提供服务的旅游部门以及其他企事业职工，将以工资或其他形式分享到的旅游花费用于当地的生活性或服务性消费支出时对当地相关部门和企事业产生的影响称为诱导效应。以上间接效应和诱导效应合在一起又称为“继发效应”。据世界旅游组织测算，属于直接效应影响范围的主要是行、住、食、游、购、娱6个部门，而金融、建筑、纺织、通信、医疗、食品、农业等58个部门属于间接效应影响范围。与旅游直接相关和间接相关的部门职工的消费则属于诱导效应的影响范围。

（四）在旅游减贫研究中的应用

旅游消费及其乘数效应是促进贫困地区经济增长的直接力量，在刺激消费、促进就业、优化结构等方面的贡献明显。[①]

1. 刺激消费，增加收入

基于旅游乘数效应的三个作用阶段可知，首先，旅游者的出行会对旅行社等原生旅游企业带来直接的旅游消费，对于贫困地区而言，就是为当地旅游景区、住宿业、餐饮业以及零售业等带来直接的收入。其次，在间接效应阶段，旅游的发展对贫困减缓的间接效应主要源于旅游收入的再分配，包括旅游企业购买旅游产品生产原材料的消费，以及从旅游发展中获益的群体的生活性和享受性消费。这些消费通常发生在非旅游行业，旅游发展能够刺激其他相关行业的消费，促进行业发展，增加收入，同时，旅游业的发展还可以给当地带来可观的税收收入[②]，做到全面刺激消费，促进当地居民收入增加。最后，因旅游消费而带来收入的当地居民，会将这部分收入继续用于当地日常的生活，进一步促进消费，继续刺激消费与增加收入。

---

① 李如友，郭鲁芳．旅游减贫效应之辩——一个文献综述［J］．旅游学刊，2017，32（6）．

② 李如友，郭鲁芳．旅游减贫效应之辩——一个文献综述［J］．旅游学刊，2017，32（6）．

2. 行业联动，促进就业

由于旅游业是劳动密集型产业，因此，旅游业的发展对一个地区的就业具有积极的作用。[①] 但是在贫困地区劳动力过剩的情况下，仅仅依靠景区的发展所能提供的就业机会是十分有限的，基于乘数理论可知，各行各业在旅游行业的驱使下可以形成联动发展，从直接的旅游景区到旅游直接相关行业，如餐饮、住宿、交通运输、手工、零售、娱乐等，再到间接与旅游行业相关的产业，如提供生产资料的粮食生产、产品加工、基础设施建设等，都可以相互联动。因此，贫困地区更应借助旅游业的发展延长产业链，创造大量的创业与就业机会，带动当地就业。

3. 优化结构，整合发展

旅游减贫可以利用旅游乘数的倍数作用将当地分散的资源以及产业整合起来，发挥整体优势，提高乡村旅游减贫效益。很多贫困地区虽然特色资源丰富，但是较为分散，难以发挥资源的综合优势，同时，资源分散导致很多行业、产业各自为营，发展困难。在旅游减贫中要做到有效整合当地资源，优化产业结构，通过不断进行产业调整实现资源优化配置，使各产业协调发展、综合发展，充分发挥乘数理论的作用，推进产业结构的合理化和高级化发展。

第二节　旅游减贫效应的主要观点及作用机制分析

一、旅游减贫效应主要观点

当前学术界对旅游减贫效果褒贬不一，对于旅游减贫效应存在三种截然

---

① 张艳 . 乘数理念下研究旅游发展对青岛市的经济贡献［J］. 中国商贸，2013（12）.

不同的观点。

第一种观点认为旅游发展确实减缓了贫困[①]。多数学者认为通过旅游减缓贫困是发展中国家应对贫困问题的重要工具，旅游减贫能为反贫困贡献力量[②]。减缓贫困的效果直接体现在地区经济状况上，通过旅游业的发展带动当地就业率的提升，拓宽当地特色产品的市场销路，为经济发展注入活力。在具备必要的旅游发展条件和当地政策支持的基础上，需要更多具有社会责任感的企业进行可持续的旅游开发，从而提升贫困人口在旅游发展中所能得到的经济效益比重，实现减缓贫困的目的[③]。

第二种观点与第一种观点相反，认为旅游发展加剧了贫困[④]。部分学者认为“旅游发展可以减缓贫困”应该打上一个问号，原因在于个别地区的成功不能说明普遍适用性，需要更加充足的证据论证这一观点[⑤]；并且在一些地区，旅游发展中的大部分收益被外来开发商或社区精英所占有，真正的贫困人口却未能获益，使两极分化现象变得更为严重，与减缓贫困的目标背道而驰[⑥]。此外，旅游业的发展与当地利益相关者之间的关系尚未形成协调发展的关系，具体体现为旅游漏损现象没有得到很好的解决，部分地区存在盲目跟风发展旅游的现象，造成了旅游资源的浪费。

第三种观点则是介于以上两种之间，认为旅游发展与贫困减缓之间没有必然的联系[⑦]。对旅游目的地进行开发投资本质上是一种经济活动，因此，投资方根据当地的资源和环境进行旅游开发，其最终目的是使投资实现利益

---

① CROES R, VANEGAS M. Tourism and poverty alleviation: a co-integration analysis [J] . Journal of Travel Research, 2008, 47 (1): 94-103.

② SCHEYVENS R. Exploring the Tourism-Poverty Nexus [J] . Current Issues in Tourism, 10 (2-3): 231-254.

③ 李如友，郭鲁芳 . 旅游减贫效应之辩——一个文献综述 [J] . 旅游学刊，2017，32 (6) .

④ SHARPLEY, RICHARD. Tourism and development challenges in the least developed countries: the case of The Gambia [J] . Current Issues in Tourism, 12 (4): 337-358.

⑤ SCHEYVENS, REGINA. Pro-Poor Tourism: Is There Value Beyond the Rhetoric? [J] . Tourism Recreation Research, 34 (2): 191-196.

⑥ GASCÓN, JORDI. Pro-Poor Tourism as a Strategy to Fight Rural Poverty: A Critique [J] . Journal of Agrarian Change, 15 (4): 499-518.

⑦ DELLER S. Rural poverty, tourism and spatial heterogeneity [J] . 37 (1): 180-205.

最大化，减贫只是作为附属品赠送给旅游目的地，这也是第三种观点的主要体现。

二、旅游减贫效应的作用机制分析

Mitchell 等人首次将旅游业发展对贫困减缓的作用机制归纳为以下三种：直接效应、间接效应以及动态效应[①]，之后大多数研究都基于这一框架进行理论和实证分析。

旅游业对减贫的直接效应主要来自旅游者在旅游目的地进行商品消费和服务消费的行为，这不仅为旅游开发商带来经济利益，也为从事旅游服务工作的本地居民带来劳动收入，增加家庭抵御外部风险和收入波动的能力。如前所述，旅游业具有产业关联性强以及就业门槛低等特点，因此，一个完整的旅游产业链需要众多的人力资源作为保障，如客房和餐饮服务人员、导游讲解员、销售人员、市场开发以及景区规划人才等。这就为旅游目的地的贫困人口提供了大量的就业机会，尤其是普通服务岗位不需要掌握复杂的操作技能和丰富的专业知识，可以弥补贫困人口受教育程度较低的短板。但同时由于就业门槛低，使得薪资水平普遍偏低，这些从业人员往往被冠以“穷忙族”或“勤劳贫困阶层”的名号[②]。为了摆脱这一困境，贫困人口应该在旅游生产过程中学习技能、积累经验，不断提升自己的生产效率和知识总量，从而形成“干中学”的效应[③]。

旅游业的发展对减贫的间接效应主要来自旅游企业向非旅游行业供货商购买原材料的消费，以及旅游从业人员将工资性收入转化为当地生活型的消费和享受型的消费。具体来说包括两个方面：其一，通过向非旅游行业采购

---

① ASHLEY C, MITCHELL J. Tourism and poverty reduction: Pathways to prosperity [M]. Taylor & Francis, 2009.

② LEWIS D J, HUNT G L, PLANTINGA A J. Does Public Lands Policy Affect Local Wage Growth? [J]. Growth & Change, 2003, 34 (1): 64–86.

③ PHOMMAVONG S, SRENSSON E. Ethnic tourism in Lao PDR: gendered divisions of labour in community-based tourism for poverty reduction [J]. Current Issues in Tourism, 17 (4): 350–362.

原材料或其他形式的合作，可以促进相关行业的迅速发展；其二，旅游企业和受旅游业影响的其他相关行业能够为本地创造相当多的税收收入。这两个方面的间接效应经过长期累积和共同作用叠加形成了旅游消费的乘数效应。Mitchell 等人通过估算非洲地区在旅游减贫中的乘数效应发现，游客在当地每消费 1 美元，就可以为当地创收 1.60~2.20 美元[①]，由此可以看出，间接效应对旅游减贫的作用不容小觑。漏损效应是与乘数效应相伴而生的外部效应，由于贫困地区缺少旅游专业人才、技术和资本等，需要借助外部力量，从而导致部分旅游收入流向贫困地区以外的地区甚至是国外，产生漏损效应。在旅游发展中出现的漏损并不是无法解决，而是可以通过大力支持小型企业的发展来有效应对。小型企业相比于大型企业更愿意雇用本地人，并在本地采购生产所需的各种原材料，使漏损达到最小[②]。这也说明当贫困地区的旅游发展与本地产业结构体系越紧密时，漏损效应越低，相对应的乘数效应越高[③]，两者呈现此消彼长的变化趋势。

旅游业的发展对减贫的动态效应是旅游业长期作用于旅游目的地经济系统的结果。旅游目的地长期的旅游宣传和开发使得当地具有吸引力的旅游资源得以充分展现，成为远近闻名的旅游胜地，进一步吸引了外部资本涌入。根据乘数效应，这些外部资本在长期生产中必然为贫困地区带来经济和税收的增长。经济的增长可以激发地区经济活力，为贫困人口创造更多的就业机会，而税收的增加则为政府部门提供可靠的资金支持，使其有能力为贫困人口谋取更多的社会保障。由资本积累实现的经济增长，可以通过多种途径的“涓滴”作用惠及贫困人口，使其收入和非收入水平均能有所改善。但不可避免的是，在旅游业对贫困减缓的长期过程中会出现一些消极影响。贫

---

① ASHLEY C, MITCHELL J. Tourism and poverty reduction: Pathways to prosperity [M]. Taylor & Francis, 2009.

② ZHAO W. The Nature and Roles of Small Tourism Businesses in Poverty Alleviation: Evidence from Guangxi, China [J]. Asia Pacific Journal of Tourism Research, 14 (2): 169–182.

③ CARRASCAL INCERA A, FERNANDEZ FERNANDEZ M. Tourism and income distribution: Evidence from a developed regional economy [J]. Tourism Management, 48 (jun.): 11–20.

困地区在短期内借助开发一般旅游资源所造成的旅游业繁荣的势头势必影响传统产业的市场份额，导致贫困地区遭受“资源诅咒”从而使经济系统更加敏感，各类成本的上升反而使社区贫困愈演愈烈[①]。同时，伴随着经济的增长和贫困发生率的降低，极端贫困人口占比上升，而这部分人口受能力限制等原因的影响，旅游业对其贫困减缓效应减弱，逐步沦入“贫困陷阱”之中[②]。

第三节　基于贫困人口感知的旅游减贫效应评估

贫困人口感知的旅游减贫效应评估是贫困人口对旅游减贫行为中旅游减贫过程及效果的综合评价，它以感知和态度分析中的社会交换理论为基础，在这一理论的框架内，个体对交换进行评估，最后根据收益和代价的比重评价实际的减贫效果。

针对旅游减贫效应的评价体系，每一层次的评估指标均是清晰明确的，纯粹的贫困地区人均收入的增长，不能替换具体的贫困人口的人均收入情况。一些欠发达地区为了发展旅游业投入大量人力、物力资本，形成了减贫效应颇佳的趋势，但需要注意的是，这样的案例并不具有代表性，当然也就不能作为旅游减贫的典型进行推广。因此，评价指标的确立是复杂的，特别是非经济效应和代价衡量上难度较大。根据已有的研究成果，将指标构建评价原则归纳为以下几点：第一，代表性原则。评估旅游减贫效应的指标一般多而杂，指标过于复杂对评价效果反而有负面影响，因此要在信息完整的基础上筛选出能反映减贫效应的核心指标，便于评价工作的开展。第二，可行

---

① CAO J. Tourism resource development and long-term economic growth: a resource curse hypothesis approach [J] . Tourism Economics, 20 (5): 923-938.

② 赵磊，张晨 . 旅游减贫的门槛效应及其实证检验——基于中国西部地区省际面板数据的研究 [J] . 财贸经济，2018，39 (5) .

性原则。评价指标应能够通过数据的收集或居民的感知调查等形式获得，若某指标值无法具体测算，可以通过转换成其他可获得的同类指标。第三，参与性原则。旅游减贫的直接受益者和感受者是当地居民，并且各地实际发展情况不同，只有让居民参与到旅游开发中来，旅游减贫才能真正落地，因此，在构建评价指标时，应囊括居民参与旅游减贫实践的各项指标。

基于不同的视角，贫困人口感知的旅游减贫效应研究呈现出不同的内容。在宏观视角下，贫困人口感知的旅游减贫效应包含了旅游减贫经济效应、旅游减贫社会文化效应和旅游减贫生态效应等。在微观视角下，贫困人口感知的旅游减贫效应包含了旅游减贫增收效应、旅游减贫参与效应、旅游减贫满意效应等。

一、宏观视角下贫困人口感知的旅游减贫效应

（一）旅游减贫经济效应

旅游减贫经济效应是指贫困人口对旅游减贫行为带来的贫困地区（村镇）宏观经济的感知效应。提高贫困地区（村镇）经济发展水平是旅游减贫的主要目标，该指标是贫困地区旅游减贫的主要指标之一。通过旅游业的带动和乘数效应拉动相关产业的发展，促进地区经济增长，最终增加地区收入。旅游减贫经济效应应包含就业机会、经济收入、贫富差距、物价上涨、旅游乘数效应等方面。

（二）旅游减贫社会文化效应

贫困地区往往交通闭塞，不利于与外界的沟通交流，总体上处于相对封闭的状态。并且贫困地区有相当多数量的少数民族聚集区，因此很自然地形成具有地方民族差异性的风土人情和民俗文化，而在旅游开发过程中，这种文化的差异性正是价值所在。在外部投资的推动下，不仅能够促进对当地历史文化景点的保护以及传统手工艺等非物质文化遗产的传承，

也会加强贫困地区居民与外界的沟通，使原先保守落后的价值观念和小农意识得以改观，优化当地的社会文化水平。同时，随着原本从事单一散漫的农事活动的当地人参与到旅游服务中来，就业问题得到了解决，也促进了社会的稳定。

由于旅游规划建设缺乏系统性以及大量游客的涌入，造成了商业化气息过浓、当地特有民俗文化被破坏、贫富差距加剧等消极影响。

旅游减贫社会文化效应包括当地知名度、邻里关系、人与人之间的信任度和当地优秀传统风俗的影响。

（三）旅游减贫生态效应

旅游减贫生态效应是指不仅要帮助贫困人口及地区实现脱贫致富的目标，更重要的在于降低各种能源的消耗以及减少对环境的破坏。将生态环境看作旅游减贫赖以生存的资源条件，以可持续的理念进行旅游开发，尤其注重生态环境保护，从而实现生态环境与资源的永续利用，并改善当地贫困人口的生活水平。其核心内涵包括：在短期范围内，旅游减贫行为既要能够促进贫困人口及地区的直接经济增长、脱贫家庭及人口数量的增加、旅游产品和接待服务质量的提升，也要尽可能少地消耗资源，并使其对生态和环境的负面效应降到最小以及降低废物与污染物排放量[①]。旅游减贫生态效应包括对当地居民的环保意识和当地生态环境污染的影响等。

二、微观视角下贫困人口感知的旅游减贫效应

（一）旅游减贫增收效应

通过比较贫困户在旅游减贫前后的家庭总收入以及收入结构的改变来评判旅游减贫的增收效应。世界旅游组织将贫困人口旅游减贫的增收途径归纳

① 杨德进，白长虹．我国旅游扶贫生态效率的提升路径［J］．旅游学刊，2016，31（9）．

为以下6种：贫困人口直接就业于旅游相关企业；向旅游企业提供产品或服务；直接向旅游者销售旅游产品或服务；个体经营旅游小微企业；政府旅游财政税收再分配；外部捐助或投资旅游基础设施使当地贫困居民受益[①]。鼓励当地居民全员参与到旅游减贫实践中，使居民有机会、有能力分享旅游业发展带来的不同增收机会，扩大增收效应。

（二）旅游减贫参与效应

社区参与日益成为旅游减贫的研究重点。参与式旅游减贫是一种关注大众的全面参与以及在管理决策中的主体地位的减贫发展模式，目的是引导社区根据自身实际情况分析致贫原因并构建脱贫机制，从而增强贫困地区自身的“造血功能”与减贫能力。贫困人口的参与是实现旅游减贫目标和可持续发展的重要途径，当贫困人口参与到旅游减贫过程中时，可以延伸整个旅游产业链，增加贫困人口的就业机会，使其能够获取更多的直接旅游收益。因此，旅游相关部门和政府部门应充分发挥旅游的辐射带动作用。在旅游开发过程中，应充分挖掘本土特色文化，并利用当地良好的生态环境吸引更多的游客，促进当地旅游创收，从而吸引带动更多的贫困居民参与到旅游发展中来。此外，应对参与旅游服务的居民进行必要的技能培训，使居民既有意愿又有能力，更好地参与到旅游减贫中来。但不能忽视的是，旅游业的辐射带动作用往往离不开该地区的自然和社会经济特征。当贫困地自身供给侧不足而非需求不足时，就有发生“旅游飞地”的风险。当“旅游飞地”形成后，旅游漏损严重，相应的旅游乘数效应大打折扣，甚至要为获得的微小利益付出不成比例的代价。

（三）旅游减贫满意效应

贫困居民参与旅游开发的机会越多、能力越强、从中获取的利益越大

---

① 余利红．基于匹配倍差法的乡村旅游扶贫农户增收效应［J］．资源科学，2019，41（5）．

时，被旅游产业链所“覆盖”的贫困居民[①]对旅游减贫效应的感知就会更加积极，对旅游减贫的效果就会更加满意，但通常会忽视旅游减贫开发过程中造成的负面影响[②]。而那些在产业链之外的贫困户，由于能力的限制以及旅游开发宣传的局限性，使其没有足够多的机会参与到旅游减贫中来，从而影响了这一部分人群的受益程度；同时，由于旅游业对当地其他产业和风俗习惯的影响，使得当地物价上涨、传统文化遭到冲击，原本窘迫的生活状况不仅没有得到改善，反而深受其害，导致他们对旅游减贫效应的感知倾向多表现为负面。此外，评价满意与否时不能仅关注表面收入的变化，更要衡量所付出的无形代价，比如社会文化、生态环境的成本收益等。

第四节　本章小结

消除贫困是一项全球性议题，社会学、管理学、经济学、人类学等众多学科理论均被广泛应用于减贫研究中。本章基于旅游减贫的视角，选择内生增长理论、包容性增长理论、旅游影响理论、旅游乘数理论作为基础理论，对理论产生背景、发展演进、主要理论观点以及基础理论在旅游减贫中的应用价值等内容展开论述。其中，内生增长理论要求旅游减贫中更加注重针对贫困人口的技能培训和人力资源开发，以知识积累和人才培训推进贫困地区旅游脱贫；包容性增长理论要求旅游减贫中更加关注当地居民的广泛参与，促进旅游经济发展的共建共享，真正实现旅游资源开发“扶真贫”“真扶贫”；旅游影响理论则要求旅游扶贫中不仅要关注旅游经济对贫困居民收入的直接带动作用，也要关注旅游社会文化影响、旅游生态环境影响等对贫困人口减贫的间接作用；旅游乘数理论则要求旅游扶贫中尽力实现旅游产品生产要素供给的本地化，减少旅游收入漏损，让更多的旅游收益在贫困地区

---

① 郭舒．基于产业链视角的旅游扶贫效应研究方法［J］．旅游学刊，2015，30（11）．

② 江华．凤桥社区旅游扶贫效应居民感知及提升策略研究［D］．安徽财经大学，2019.

内部得到积聚和流通，真正实现有助于贫困人口发展的旅游。

本章在上述理论分析的基础上，讨论了旅游减贫效应的观点、机制与评估。旅游减贫效应受到多方面因素的影响，不仅包括政府部门思想观念意识是否先进、资金到位与否以及减贫导向的正确性，而且包括贫困地区自然条件的优劣、经济基础情况以及基础设施建设是否完备等，然而最终的旅游减贫效应是这些影响因素共同作用的结果，因此个别地区旅游减贫效果不明显甚至加剧了贫困，究其原因在于旅游开发过程中缺乏系统性和专业管理团队，或是其他因素导致的减贫效果差，而旅游不过是承担罪名的“替罪羊”。为了使旅游减贫效应评价结果更加客观可靠，应从以下方面着手：

第一，构建多维评价系统，从整体上衡量旅游减贫的短期效应和长期效应。从短期来看，旅游发展对贫困人口最直接的影响就是收入水平的提高。对贫困地区来说，旅游业的蓬勃发展不仅带来了财政税收，也提升了当地的知名度。从长远来看，旅游业的发展为贫困户增加了收入，使这类人群有能力供养个人或下一代进一步学习，提升受教育程度，促使思想意识的转变和能力的提升，进而摆脱低端劳动职业，获取更高的收入。旅游投资商对目的地的开发建设，如道路交通、医疗卫生水平等基础设施建设，不仅有利于旅游者游览的便利，而且使当地居民日常生活便捷了许多。不管是基础设施建设还是居民的发展意识、思想观念的转变，均是逐渐演化的，往往要经过较长的时间才得以显现，并不是一朝一夕就可以被观察到的。如果仅观察短时间内贫困人口的收入水平变化，将不能科学地反映旅游减贫效应，甚至影响研究结果。因此，应重视旅游减贫效应的持续影响性，综合考察旅游业发展对减缓贫困的长期影响和作用。

第二，同时关注宏观与微观层面的旅游减贫效应评价。现有文献大多从宏观层面对旅游减贫效应进行分析，得出的结论相似。但每个贫困地的具体情况不尽相同，部分地区的居民受教育程度高于其他地区，或旅游可进入性较好，或旅游资源独具特色，这些差异性特征都会影响最终的旅游减贫效应。从这一角度看，在进行旅游减贫效应评价时，除了对必要的宏观层面进行测评，更应从社区层面对旅游发展与贫困减缓关系进行研究。旅游减贫对贫困地区整体经济增长的促进作用，如旅游收益、旅游业所提供的就业机会、人均收入的增加等，不等于减贫的目标人群真实的受益情况，应着重关注“贫困人口的直接受益”，从而使减贫效应的评价更具针对性。

第三章

凉山州：中国西部旅游减贫示范区

凉山州是全国最大的彝族聚居区，是全国典型的区域性整体深度贫困样本。凉山州作为国家层面的深度贫困地区之一，由于自然条件差、经济基础弱、贫困程度深而成为国家全面建成小康社会最难啃的“硬骨头”。与此同时，凉山州因其独特的自然地理区位和历史文化发展过程而具有丰富的自然与人文景观，各类、各层次旅游资源富集，为通过旅游开发推进当地产业转型升级、脱贫攻坚提供了可能。

2018 年 2 月 11 日，习近平总书记亲临大凉山彝区腹地视察时提出，搬迁安置要同发展产业、安排就业紧密结合，让搬迁群众能住下、可就业、可发展。2018 年 3 月 21 日，农业农村部召开“三区三州”产业扶贫对接会，专题研究并部署“三区三州”产业扶贫工作。而在此之前，四川省为推动旅游扶贫工作纵深化发展，力争通过示范工作建设进一步强化旅游减贫工作成效，于 2017 年开展了全省的旅游扶贫示范建设工作。因其旅游资源禀赋较高和减贫形势的严峻性，凉山州成为四川省旅游减贫示范建设的重要区域。

绚丽多彩的生态旅游资源和厚重绵长的人文旅游资源是凉山州开展旅游减贫的客观优势。近年来，凉山州坚持“全域旅游”的战略，以特色文旅融合和精准脱贫为工作宗旨，通过“大西昌”国际度假旅游圈创建旅游创新发展先导区和国际化度假旅游发展示范区，以及利用彝族火把节和泸沽湖摩梭家园打造大凉山彝族文化体验旅游区，着力构建全区域、全产业、全业态发展的“大生态旅游”产业体系，在旅游减贫方面形成了“以点带面、示范引领”的带动效应，示范创建区已成为旅游减贫的重要载体。

第一节　凉山州基本概况

凉山州不仅是全国乃至世界上珍贵的生物基因库，也是长江上游重要的生态屏障和水源涵养地，还是全国“三区三州”深度贫困地区、全国脱贫攻坚的主战场、“三区三州”旅游大环线建设的重要组成部分。

一、经济社会发展基本概况

（一）行政区划

凉山彝族自治州位于四川省西南部，是四川省的21个地级行政区之一，首府西昌市是全国最大的彝族聚居区。凉山通常被称为大小凉山或巴布凉山，北起雅安市和甘孜藏族自治州南缘，南连攀枝花，面积约60423平方公里，东西宽约360公里，南北长约370公里，辖16个县1个市。截至2018年6月，凉山彝族自治州共辖17个县级行政区，包括1个县级市、15个县、1个自治县，分别是西昌市、盐源县、德昌县、会理县、会东县、宁南县、普格县、布拖县、金阳县、昭觉县、喜德县、冕宁县、越西县、甘洛县、美姑县、雷波县、木里藏族自治县。

（二）地理环境

凉山彝族自治州地理位置十分重要，是往来祖国西南边陲的重要通道之一。凉山彝族自治州位于中国东部稳定区和西部活动区的结合部，地质构造复杂，地貌复杂多样。凉山地处川西南横断山系东北缘，介于四川盆地和云南省中部高原之间，地势西北高、东南低，北部高、南部低。地表起伏大，地形崎岖、峰峦重叠、气势雄伟、河谷幽深、壁立千仞、高差悬殊。山脉多呈南北走向，岭谷相间，从东至西主要有小凉山、大凉山、小相岭、螺髻山、牦牛山、锦屏山、柏林山、鲁南山等山脉。境内地貌主要以山地为主，约占面积的 70%，山地中的海拔高度差距约为 1000~2500 米。凉山州境内河流众多，多为金沙江、大渡河的支流，呈南北流向，有大小河流 263 条。凉山州的气候属于亚热带季风气候，干湿分明，日温差大，年温差小，年均气温在 16℃ ~ 17℃。总体而言，境内气候复杂多样。

（三）区域人口

2019 年，凉山州户籍人口为 531.03 万人，其中：少数民族人口为 303.97 万人，约占总人口的 57.2%；彝族人口为 285.88 万人，约占总人口的 53.8%。木里县是全国仅有的两个藏族自治县之一，境内有彝族、汉族、藏族、回族、蒙古族等 14 个世居民族，其中：彝族约占 53.62%。城镇居民人均可支配收入为 33044 元，人均生活消费支出为 20862 元，农村居民人均可支配收入为 13908 元，人均生活消费支出为 10327 元。全州参加城乡居民基本养老保险的人数（含职工）为 287.27 万人，养老金发放人数为 64.86 万人。

（四）区域经济

2019 年，凉山州全年地区生产总值达 1676.30 亿元，增长 5.6%。其中：第一产业增加值为 367.66 亿元，增长 3.3%，对经济增长的贡献率为 11.6%；第二产业增加值为 559.79 亿元，增长 2.1%，对经济增长的贡献率为 13.3%；第三产业增加值为 748.85 亿元，增长 9.7%，对经济增长的贡献率为 75.1%。人均 GDP 达到 34085 元，比 2018 年增长 4.6%。全年民营经济实现增加值为 858.03 亿元，增长 5.7%。其中：第一产业增加值为 120.56 亿元，增长 3.4%；第二产业增加值为 323.94 亿元，增长 2.7%；第三产业增加值为 413.53 亿元，增长 9.1%。民营经济增加值占地区生产总值的比重为 51.2%，比 2018 年提高 0.4 个百分点，对经济增长的贡献率达 52.7%。全年共接待国内外旅游者 4823.62 万人次，增长 3.71%；旅游总收入为 530.21 亿元，增长 21.42%；旅游外汇收入为 9.05 万美元，下降 54.77%。

二、贫困现状及原因

实现脱贫之前，凉山州的贫困范围广、程度深，返贫现象严重。由于自然、社会、历史等原因，生产力发展水平低下与社会发展进程滞后、特殊社会问题、物质贫困与精神贫困等叠加交织，“多因一果”，是全国典型的区域性整体深度贫困样本。11 个民族聚居县均为深度贫困县，全州精准识别贫困村 2072 个、贫困人口 97 万人。在凉山彝族自治州 17 个县级行政区中，美姑县、金阳县、昭觉县、布拖县、雷波县、普格县、喜德县、盐源县、木里县、越西县、甘洛县等 11 个县是国家级贫困县，占全州县级行政区的 64.70%，占四川省 36 个国家级贫困县的 30.55%，全州贫困发生率 20% 以上的贫困村达 557 个。全州贫困人口分布呈现贫困面大且集中连片的特点，脱贫攻坚任务艰巨。2019 年减贫 14.2 万人、退出贫困村 318 个，雷波、甘洛、盐源、木里 4 个县成功摘帽脱贫，全州累计减贫 80.5 万人、退出贫困村 1772 个，贫困发生率降至 4%。

（一）自然条件恶劣

凉山彝族自治州地理环境恶劣，自然灾害频发。凉山彝族自治州地貌类型以山地为主，约占全州总面积的 80%。凉山彝族自治州的贫困人口主要居住在海拔高度达 2500~3000 米的高二半山区和高寒地区。由于山地高峻险拔的地理环境以及常年恶劣的气候条件，当地交通闭塞，信息失灵，水利设施欠缺，生产技术落后，农业经济收入微薄。复杂的地貌类型促使自然灾害频发。凉山州的自然灾害种类多样、分布广、发生频率高。洪灾、旱灾、雹灾、泥石流、地震、森林火灾以及虫害等灾害常年发生且对生产生活破坏力极强。

（二）经济基础薄弱

经济基础薄弱、生产力低下是凉山州以往贫困的直接原因。实现脱贫之前，全州很多地区仍然保持着民主改革前彝族社会原始落后的经济方式。彝族地区的农业生产基本上是以广种薄收、粗放经营的方式进行的。农业生产工具也很简陋，普遍使用木制农具。粮食产量小，缺粮在贫困地区是普遍现象。畜牧业生产管理也极为粗放，靠天养畜，牲畜数量始终是有限的，基本维持一种低水平的自然平衡状态。此外，由于缺少足够的资金支持，凉山州绝大部分农村地区的基础设施落后。农村道路待修缮，水电煤气等生活必需品还不能保证每家每户能够使用，网络通信技术落户率较低。此外，教育、科技、医疗等社会性的基础设施仍需进一步完善。由于社会保障不足，容易出现严重的因病致贫、因病返贫现象。鼠疫、霍乱、血吸虫病等地方病容易在州内流行，农民感染率较高。由于自身经济收入有限，再加上无法享受完善的社会保障制度，大多数农民无法及时就医，危及生命健康。

（三）人口素质不高

劳动力素质是社会经济发展的关键因素，直接影响劳动就业和收入。新中国成立以前，凉山彝族地区基本上没有现代意义上的教育体制和机构，彝族传统教育主要以口头传承的形式承袭，彝族文字只是在世袭的毕摩家支或一小部分人中流传。所以，当时的绝大多数彝族同胞都没有接受现代教育的条件和机会。实现脱贫之前，凉山州贫困地区的劳动力综合素质普遍较低，受教育文化程度低，掌握的劳动技能种类少。同时，相比其他地区的群众而言，凉山州农村贫困农民的思想观念严重落后，主要体现在以下方面：一是重农轻商，凉山州贫困地区生产力不足，商品经济落后，仍然保持着以物易物的传统习俗；二是积累观念淡薄，由于历史原因，彝族本族之间、彝族与外族之间经常发生器械斗争，因此，彝族群众经常搬迁，不固定的安家置业、生活的稳定性被破坏等情况不利于生产力发展；三是消费观念落后，凉山州不少地区婚丧奢侈，攀比之风盛行，部分家庭因为高额彩礼出现“因婚返贫”的现象。

（四）生活习惯传承

凉山彝族是典型的“直过民族”，凉山彝族自治州也是特殊的民族经济文化区域。在20世纪50年代，凉山州直接从奴隶社会过渡到社会主义社会。制度的快速变迁充分保障了彝族群众在政治上能够平等享受民主。然而，经济发展却依然处于严重滞后状态，生产力水平低下。直接实现社会制度跨越式变迁的凉山州出现生产力与生产关系、经济基础与上层建筑严重不相适应的状况，民族内生的变革落后于制度的变迁。很长一段时间内，凉山州境内的人民保留着区域民族社会经济发展的特殊样式和民族固有的文化传统。社会制度的变迁短时间内无法改变彝族地区人民的旧的思想观念和生活习惯。“小富即安，不富也安”的旧的思想观念阻碍了凉山州的经济社会的发展，导致少数民族地区贫困人口内生动力不足。

三、旅游资源概况

（一）旅游资源总览

凉山彝族自治州地势辽阔，地质复杂，山脉众多，自然物产丰富。凉山州自然资源的规模、数量、种类及品种等在全国名列前茅。“川南胜景”邛海、泸山、螺髻山、泸沽湖、马湖、寸冬海子、天然的温泉瀑布西昌土林、西仙人洞等众多的自然景观蕴含巨大的旅游开发潜力。截至2019年底，凉山州4A级景区9个、国家级旅游度假区1个、省级旅游度假区4个、省级生态旅游示范区4个、国家级休闲农业与乡村旅游示范县1个、省级乡村旅游示范县4个。

1. 自然资源情况

凉山州的生物景观数量众多：植物类 4000 多种；动物类 1200 多种；微生物类近千种。森林面积达 3000 多万亩，占全省的 30%；草地面积达 3000 多万亩。珍稀植物 44 种，占全省的 57.89%，其中，有 3 种一级重点保护物种、17 种二级重点保护物种、24 种三级重点保护物种。全州的药用植物 2500 多种，超过全省的一半。凉山州共有各类野生动物 200 种，其中，珍稀野生动物有 28 种，一级保护动物有大熊猫、华南虎、牛羚、白唇鹿，二级保护动物有小熊猫、毛冠鹿、红腹角雉、豹、藏马鸡、鸳鸯和大鲵等，三级保护动物有獐子、马鹿、水鹿、岩羊、大小灵猫、猕猴、穿山甲、短尾猴、红腹角鸡、鬣羚、白腹鸡、斑羚等。鸟类资源也十分丰富，全州的鸟类总数为四川鸟类总数的 70%，其中 36 种为我国著名鸟类品种。

2. 人文资源情况

凉山州是多民族聚居地，多民族文化造就了多姿多彩的民俗风情。彝族坨坨肉、杆杆酒、祭祀盛典、婚丧嫁娶习俗、少数民族服饰、歌舞、火把节以及摩梭人的走婚制等多样的民俗风情吸引了大量的游客。此外，凉山州拥有丰富的红色旅游文化资源，会理皎平渡遗址、会理会议遗址、会理红军长征纪念馆、冕宁彝海结盟遗址和西昌卫星发射基地已经入选《全国红色旅游景点景区名录》。

（二）旅游资源分类

凉山州的旅游资源可以分为人文旅游资源和自然旅游资源两大类别。人文旅游资源又分为社会风情、典型科技、历史古迹、宗教场所、近代史迹、文化艺术等 12 个小类，自然旅游资源分为山景、地景、水景和生景 4 个小类，如表 3.1 所示。

表 3.1　凉山州旅游资源分类

大类	小类	基本类型	代表景区、景点、项目
人文旅游资源	社会风情	民族文化	凉山彝族文化、泸沽湖摩梭人母系民族文化
		节日庆典	火把节、摩梭人转山转海节、苗年
	典型科技	航天科技	西昌卫星发射中心
	历史古迹	古文化遗址	西昌大洋堆文化遗址、礼州新石器遗址
		古城遗址	西昌古城、泸沽古城、甘洛海棠古城
		古代墓葬	德昌大石墓群、西昌火葬墓群、昭觉石板墓群、盐源土坑墓群、雷波向天坟、金沙江岩墓群
		军事遗迹	喜德登相营、碉楼、昭觉军屯遗址、雷波大陷槽
		道路关隘	孙水关、越西灵关谷道、诸葛亮南征古道、润盐古道
		冶窑遗址	西昌黄联关汉代冶铜铸币遗址
		古碑刻	西昌地震碑林、昭觉汉代石表
		石刻岩画	昭觉博什瓦岩画、西昌大菁乡罗卜惹岩画等
		古建筑	西昌古城门楼、会理古城门、西昌礼州温泉、西昌和会理古民居宅院
		名城名镇	西昌明代古城、会理古城、礼州镇、佑君古镇、盐源卫城镇
	宗教场所	寺庙	木里大寺、泸山光福寺、冕宁灵山寺、雷波海龙寺、会理白马寺和天主教堂、德昌普应寺等
	近代史迹	革命遗迹	冕宁毛主席接见代表陈列馆、彝海结盟纪念馆、会理皎平渡、会理会议遗址
		烈士陵园	佑君镇丁佑君烈士陵园、昭觉和盐源等烈士陵园
	文化艺术	博物馆	凉山彝族奴隶社会博物馆、凉山州博物馆等
		音乐歌舞	彝族达体舞、摩梭人甲搓舞、藏族锅庄舞、泸沽湖镇喇嘛寺宗教舞蹈

续表

大类	小类	基本类型	代表景区、景点、项目
人文旅游资源	产业资源	农牧园艺	安宁河生态农业、邛海生态农业、盐源苹果基地、木里养鹿场、中华绒蟹繁殖基地
	现代工程	水电工程	大桥水库、二滩水电站库区、仙人湖、溪洛渡水电站库区
	美味佳肴	名菜	黄焖鸡、醉虾、裂腹鱼
		小吃	鸡丝饵块、砂锅米线
	土特产品	土产	香米、荞麦、茶叶、松茸、石榴
		特产	兰草、奇石、特殊矿产品
	民间工艺	手工艺术品	彝族漆器、金沙砚、各民族服饰、彩陶
	城乡风貌	休闲度假设施	邛海沿岸度假村，德昌、盐源、冕宁等地的农家乐和度假村
		村落	凉山彝族村寨、泸沽湖摩梭人村寨、木里纳西族村落
自然旅游资源	山景	名山	螺髻山、泸山、恰朗多吉雪山、龙肘山、喜德小山、冕宁灵山、盐源百灵山
	地景	奇石	盐源公母山、木里石祖、雷波金梅山
		地貌景观	黄联土林、盐源树河天生桥、木里月亮崖
		地质景观	螺髻山冰碛层、冰川刻槽
		洞穴	螺髻山仙人洞、龙湖溶洞、神仙溶洞菩萨洞、玛瑙洞
	水景	风景河段	金沙江河谷、雅砻江大峡谷、安宁河河谷
		湖泊	泸沽湖、邛海、马湖、彝海、寸冬海子、黑龙潭、洛水湖、仙人湖、螺髻山海子群、雷波荡、大桥水库
		瀑布	螺髻山温泉瀑布、冕宁喷水岩瀑布、白水河瀑布、瓦尔瀑布、东岩瀑布
		温泉	螺髻山温泉瀑布、昭觉竹核温泉、西昌川兴温泉、喜德温泉

续表

大类	小类	基本类型	代表景区、景点、项目
自然旅游资源	生景	森林	木里原始森林区、螺髻山原始森林、雷波麻咪泽林区、昭觉松涛林海、普格海口牧场、盐源宝清林海
		果园	盐源苹果基地、会理石榴园、德昌桂圆基地
		古树名木	泸山光福寺汉柏、唐柏等
		珍稀动植物保护地	美姑大风顶自然保护区、冶勒自然保护区、螺髻山自然保护区
		日照景观	安宁河的阳光，螺髻山、大风顶、龙肘山的日出、佛光、晚霞
		月景	邛海夜月、泸沽湖夜月
		云景	螺髻山、大风顶、龙肘山的云海
		雨景	西昌的卧云烟雨

第二节　凉山州减贫的历史回顾

凉山州围绕“两不愁、三保障”的目标，聚焦深度贫困地区和特殊贫困群体合力攻坚，着力抓好彝区脱贫攻坚综合帮扶，高质量打好精准脱贫攻坚战。凉山州坚持把基础设施建设作为脱贫攻坚的先导工程，全面改善贫困地区发展环境和贫困群众生产生活条件。“脱贫攻坚”启动以来，累计减贫65.9万人，954个贫困村摘帽，贫困发生率降至7.1%。

一、凉山减贫实践进程

（一）改革开放前的减贫实践

凉山州的贫困治理开始于1950年的凉山解放。改革开放前的近30年中，凉山州的贫困治理是在整个国家经济水平低下、贫困率较高的宏观背景下实施的，并且主要依靠政府的平均分配和扶贫救济，停留在初级的直接物资救助层面。救助物资主要是限于生活必需的粮食、衣物、资金。据统计，1953 年至 1954 年，政府向凉山州人民无偿提供 35 万件农具、100 多万斤救济粮、5 万多套御寒衣物，发放的无息以及低息农业贷款多达 107 万元。[①]

（二）改革开放后的减贫实践

1. 1978 年到 1986 年：提出贫困治理理念

1978 年改革开放后提出且逐渐确立真正意义上的贫困治理的概念。1978 年，凉山彝族自治州的人民绝大多数处于绝对贫困的状态，导致全州大范围的集中且连片贫困状况。1979 年，凉山州系统性的扶贫开发工作正式开始。改革开放后，凉山州积极推进农村经济体制改革，实行家庭联产承包责任制。尽管凉山彝区人民的生产和生活得到一定的改善，但是凉山州的整体发展仍然严重滞后。

2. 1986 年到 1993 年：解决农村人口基本温饱

1986 年，凉山彝族自治州正式进入政府主导的扶贫战略时期。此阶段，扶贫工作的主要目标是解决农村人民的基本温饱问题，力争达到人均收入 200 元、人均有粮 600 斤的温饱标准。1986 年至 1994 年，凉山州的昭觉、美姑、金阳、布拖、雷波、喜德、普格、盐源、木里、冕宁、越西、甘洛 12 个县先后被列为国家和省级贫困县。1991 年至 1995 年，凉山州委、州政府不断强化对扶贫工作的认识，加大扶贫力度，并采取了强有力的措施，全州 11 个贫困县的 14.67 万建卡户、73.05 万建卡贫困人口越过“二六”温饱线，形象扶贫工作全面展开，完成了扶贫第一阶段的任务。

3. 1993 年到 2000 年：巩固绝对贫困人口温饱

1993 年，随着《国家八七扶贫攻坚计划》的颁布，凉山州开始了 7 年

---

① 尚培霖，胡澜 . 凉山彝区农村社会问题研究［M］. 成都：四川大学出版社，2017.

的扶贫攻坚战。州委、州政府明确提出 1994 年至 2000 年争取解决凉山州 210 万名贫困人口的温饱问题，即“7210”扶贫攻坚奋斗目标。州委、州政府在井然有序地推进整体减贫工作的同时，结合凉山的实际情况，开展“百乡扶贫攻坚工程”，增派 29 个帮扶单位，使凉山州的州直以上单位达到 158 个，派出工作队员 300 余人，在全州 106 个乡开展扶贫工作。1997 年，全州对 8 万多户贫困户进行了形象扶贫工作，旨在发动群众改变陈规陋习，使得 32 万户、160 万人实现了人畜分居。2000 年底，凉山扶贫工作全部通过省、州政府验收并全部达标，使全州绝对贫困人口实现了温饱目标。

4. 2000 年到 2010 年：积极推行重点县脱贫

进入 21 世纪，中央、省委持续加大对凉山州的扶贫力度，各类扶贫工程不断被推进。在此期间，凉山州的 11 个县被纳为国家扶贫开发的工作重点县，9 个县被纳为国家 14 个集中连片特困县区。2001 年，“百乡教育扶贫工程”积极推进，重点在于发展民族教育。2001 年至 2006 年，五年共计投入资金 15891 万元，完成了 12543 户、56444 人的移民扶贫任务，解决贫困群众房屋不避风雨、难以御寒的问题。截至 2006 年，新村扶贫工程已经惠及 813 个村、31002 户，修村道和入户路达 3849.5 千米，改田改土 56280 亩。2009 年，结合国家危房改造政策和补助资金政策，凉山以每户不低于 2.5 万元的补助标准在全州 17 个县（市）对 34 个村进行大规模、高标准的房屋试点改造。

5. 2010 年至 2020 年：全州实现精准脱贫

2010 年，四川省委、省政府确定“一个意见、两个规划”，凉山扶贫工作进入省级发展战略。2011 年，《大小凉山彝区“十项扶贫工程”总体方案》标志着凉山州贫困治理进入新的阶段。2013 年，四川省财政投入扶贫资金达 84981.2 万元，凉山州配套资金达 13000 万元，县级配套资金达 14816 万元。此外，扶贫项目如劳务扶贫工程、民族地区帮扶工程、民族团结工程等被强力推进。2013 年全年，凉山共投入扶贫开发资金 10 亿元，帮助建设彝家新寨 209 个，帮助全州 9 万多贫困人口改善了生产生活条件。

2014 年，凉山州将全州新增财力的 80% 投入民生工程，州本级财政每年按上年扶贫资金规模的 10% 递增，而州、县财政每年用于综合扶贫开发的资金不少于 4 亿元。大凉山彝区“十大扶贫工程”的综合扶贫开发资金累计投入 38.91 亿元，彝家新寨建设、乡村道路畅通与大交通建设、农田水利建设、教育扶贫提升、职业技术培训、特色产业培育、农业新型经营主体构建、产业发展服务、卫生健康改善、现代文明普及等 55 项建设任务被不断推进。

二、凉山减贫成果综述

推动凉山州的经济高速发展、增加群众经济收入、改善其生活条件是凉山州减贫活动的最终目的。2018 年，凉山地区的生产总值达 1533.19 亿元，第一产业增值达 307.61 亿元，第二产业增值达 613.13 亿元，第三产业增值达 612.45 亿元，农民的人均收入达 12548 元。贫困人口由 2010 年的 81.35 万人减少到 2018 年的 31.7 万人，贫困发生率由 28.8% 下降到 7.1%，农民的人均收入从 2010 年的 4565 元增长到 12548 元。

（一）经济增加速度迅猛

产业扶贫是凉山州实现稳定脱贫的根本之策。近几年，全州建设马铃薯种植基地县 13 个，马铃薯种植面积 237.76 万亩，薯类作物年产量达到 74.40 万吨。发展以核桃为主的“1+X”生态林业、“果薯蔬草药”农牧业，新建“1+X”林业生态产业提质增效示范基地 34 万亩，完成核桃嫁接 100 万亩，新增水果种植面积 6.84 万亩、蔬菜种植面积 12.11 万亩、中药材种植面积 1.96 万亩。建成畜禽标准化养殖示范基地及小区 108 个、家庭农牧场 273 个，出栏猪、牛、羊分别达 336.53 万头、112.58 万头、481.04 万头。盐源苹果、雷波脐橙、苦荞麦等凉山特色农产品也形成显著的品牌效应。2019 年地区生产总值达 1676.30 亿元，增长 5.6%。

（二）旅游发展成绩显著

作为产业扶贫工程的重要部分，旅游扶贫取得了显著成效。目前，全州已有 157 个村入选乡村旅游扶贫重点村，全面覆盖了大小凉山彝区的县区。其中，金口河区 3 个、马边县 11 个、峨边县 11 个、盐源县 17 个、德昌县 2 个、普格县 5 个、布拖县 17 个、金阳县 5 个、昭觉县 9 个、喜德县 24 个、越西县 26 个、甘洛县 11 个、大小凉山彝区 7 个、雷波县 9 个。雷波县被正式确定为四川省旅游扶贫实验区，7 个村入选省级旅游扶贫示范村。2019 年底，全州的 A 级景区共计 38 个，其中 11 个 4A 级景区，24 个 3A 级景区，3 个 2A 级景区。同年，凉山州接待游客量 4883.7 万人次，旅游总收入达到 530.12 亿元，同比分别增长 5%、21.42%。旅游产业已经成为大小凉山彝区精准扶贫的重要抓手，不仅增强了彝区的造血能力，还让贫困群众背靠山水美景吃上旅游饭、摘下穷帽子。

（三）交通设施日益改善

凉山州交通建设力度不断加大，持续改善地区的发展条件。目前，凉山农村的公路总里程达 2.2 万公里，乡镇、建制村通畅率已是 100%。《凉山州 2019—2020 年公路水路交通建设推进方案的通知》明确提出，力争到 2020 年凉山州初步构建四川区域交通枢纽，提高路网整体服务保障能力。全州公路总里程由 2000 年的 8882 公里增加至 2018 年的 27585.77 公里，里程翻三倍；公路货物周转量由 2000 年的 85001 万吨 / 公里增加至 2018 年的 1301143 万吨 / 公里；公路旅客周转量由 2000 年的 128933 万人 / 公里增加至 348936 万人 / 公里。2019 年末，全州公路通车里程 27328 公里，包括高速公路通车里程 213 公里。全年完成公路货物周转量 1339470 万吨 / 公里，增长 2.9%；旅客周转量 346791 万人 / 公里，下降 0.6%。

（四）生活设施不断完善

在脱贫攻坚战中，凉山州解决了 47 万建档立卡贫困人口的安全饮水问题。凉山州水利局表示，2020 年的工作重点将围绕农村用水安全的水量、水质、方便程度、用水保证四个方面进行查漏补缺。农村电力保障也得到不断加强。近年来，农村电网升级改造、无电地区电力建设等大型工程的推进，解决了 12.3 万户家庭用电，覆盖近 58 万人。全州邮政通信企业全年完成主营业务收入 27.97 亿元，增长 5.0%。2020 年末，国际互联网上网用户数 99.41 万户；固定电话用户 57.11 万户，增长 7.9%；移动电话用户 409.92 万户，下降 1.1%。

（五）公共服务水平显著提升

凉山州的医疗与文化教育水平提升显著。2018 年，卫生机构由 2000 年的 1471 个增加到 5249 个，床位数翻了三倍，增加至 27347 张。2000 年至 2018 年，安排国家财政教育经费达 604.62 亿元，州政府用于教育的财政支出由 31.9778 亿元增加至 122.9961 亿元。据统计，“十一五”至“十三五”期间，共建设学校 3051 所、乡镇幼儿园 348 所，面积约 254 万平方米，D 级危房的中小学彻底完成改造。同时，“全面改薄”“学前教育三年行动计划”“大小凉山彝区教育扶贫提升工程”“十年行动计划”“三区三州”等重大工程项目均取得可观的成绩。2019 年末，凉山州拥有艺术表演团体 1 个，全年演出 180 场次；公共图书馆 18 个，藏书量 131.77 万册；文化馆 18 个，乡镇文化站 473 个；博物馆 7 个；文物保护机构 16 个。这些文化团体、机构免费对凉山州群众开放，极大地丰富了群众的业余生活。

第三节　凉山州精准脱贫的旅游力量

为了进一步强化旅游产业发展的精准脱贫效应，凉山州紧紧围绕旅游扶贫工作的重点和难点，采取切实可行的措施，汇聚多方合力，形成了内部力量和外部援助相辅相成的减贫工作机制，提高了旅游减贫工作成绩。

一、内部力量

（一）发挥当地政府的引导作用

2004 年，在凉山第一次旅游发展大会上，凉山“政府主导型”旅游发展战略被确定，要求由政府制定发展规划和市场规划，完善社会基础设施，加大监督力度，规范市场秩序，改善旅游发展环境，走跨越式的旅游发展之路。“十三五”期间，《凉山州全域旅游发展规划》中提出构建“一核、两翼、四圈、四带、多点”全域旅游格局。凉山州政府全力实施“全域旅游”发展战略，将旅游产业作为第一产业，通过发展旅游产业以促进城乡、区域与经济社会的协调发展，实现旅游“全域布局、企业支撑、全民参与、全程服务”，推动凉山州整个社会的经济转型发展。

凉山州政府联合各级党委政府及金融部门，立足于社会经济发展战略带动凉山州旅游产业。不断推进交通、电网、水力等旅游基础设施的建设，加大信贷投入力度；支持建设具有经济效益的景点景区项目，增加旅游收入；鼓励银行相应地调整旅游文化产业建设的信贷结构比例，为贷款的旅游企业提供有关金融方面的套餐服务，宣传国家金融方面的政策。

凉山州政府为了促进旅游产业的蓬勃发展，立足产业发展对人才的新需求，深化人才发展体制改革，招纳旅游人才，积极加快人才队伍的建设。一是建设人才培养基地，整合培训资源，提高培训质量，建设一批具有民族特色和区域特色的人才培养基地。二是规划产业人才聚集工程，依托水电、矿业、绿色农业、民族文化、旅游五大资源，聚集产业发展人才，打造产业链、人才链。

同时，重点利用主流媒体和网络平台加大对本地区的文化旅游宣传促销力度，特别是积极争取中央媒体加大对州文化旅游的宣传；对媒体宣传认真策划、充分准备，进一步提高艺术感染力和宣传效果，整合资源，统筹谋划，形成系列化、品牌化、个性化的宣传促销格局，增强凉山州文化旅游的独特魅力。

（二）发挥旅游企业的市场主导作用

开展旅游扶贫除了需要政府主导、精准对象以及落实各项政策机制，还必须能够准确把握市场需求，根据凉山州的旅游资源等现实因素，开发出合适的旅游产品，并且能够让贫困户积极参与旅游建设与经营活动。引进旅游投资开发公司，采取“公司 + 农户”的模式，对旅游产业进行全新打造，公司与农户建立利益联结和补偿机制，保障农民的长远利益。四川能投集团助力凉山旅游发展是“国企入凉”的一个典型案例。四川能投集团积极参与了彝海景区的开发事宜，采用“以租代捐”的模式助力贫困村的发展，租赁结盟新寨旅游区功能建筑，引领结盟新寨的旅游开发。四川能投集团为当地的旅游发展投入资金，规划产业发展路线，目标定位于“生态农牧业、休闲度假业、文创手工业”三大产业，扶贫方式由早期的“输血式扶贫”转化为“造血式扶贫”，激发结盟新寨脱贫的内生动力，实现彝区群众平稳脱贫、可持续发展。作为最具活力的市场主体，民营企业拥有人才、技术、资金、渠道、管理等优势，可以说在脱贫攻坚中有其独特作用。省扶贫移民局相关负责人表示，民营企业在产业扶贫、扶智与扶志、贫困群众生产生活技能培训、吸纳农村贫困劳动力就业、捐资助学改善办学条件等方面发挥着积极的作用。

（三）激发当地群众的发展动力

凉山州地区的广大人民群众是旅游扶贫实践活动的主要参与者和直接受益者。进入 21 世纪以来，凉山州人民政府把控凉山州旅游扶贫实践的主要方向，把人民群众受益与否视为检验旅游扶贫成效的重要标志。同时，旅游企业负责细致规划，凉山州地区的人民群众参与前期旅游项目的开发建设，提供后期旅游服务接待，这成为旅游扶贫实践能否顺利推行、人民群众最终能否受益的关键性因素。据统计，2005 年凉山州的第三产业就业人员仅有 41.7 万人，2018 年的人数达到 81.33 万人，其中，住宿业和餐饮业的就业人数达到 23.43 万人。

二、外部力量

（一）积极承接国家的宏观帮扶

国家旅游局和国务院扶贫办联合印发了《关于支持深度贫困地区旅游扶贫行动方案》，从旅游扶贫规划攻坚、旅游基础设施提升、旅游扶贫精品开发、旅游扶贫宣传推广、旅游扶贫人才培训、旅游扶贫示范创建等六个方面，切实加大对深度贫困地区的旅游扶贫支持力度。2018 年，凉山州举办的“三区三州”的旅游扶贫对接活动是国家旅游局贯彻落实中央扶贫攻坚战略部署、推动旅游扶贫工作的实际行动。“三区三州”旅游资源丰富，交通的通达性将得到进一步的提升，面临旅游市场持续扩大的机遇，完全可以通过发展乡村旅游走出一条脱贫致富的好路子。发展乡村旅游、推动旅游扶贫，要抓住产品开发、设施建设、市场营销、帮扶贫困群众实现精准的收益分配等重点工作持续发力，同时，要共同支持、共同扶持贫困地区发展乡村旅游。

（二）加大旅游扶贫区域协作

对口援助凉山州的省市有利于激发凉山州彝区人民脱贫振兴的内生力量。近年来，尽管凉山州社会经济得到快速发展，但是缺乏足够的能力解决行政区域内的民族贫困问题，必须借助民族区域之外的发达省市的力量推进脱贫攻坚战的进程。对口援助凉山州的省市主要通过资金援助和项目支持两种渠道来增强贫困地区脱贫攻坚的信心，并强化内生发展力量。

为了推动凉山州脱贫攻坚与乡村振兴，广东省佛山市不断贡献自己的力量。广东省对口凉山州扶贫协作工作于 2010 年最早由珠海市承担，后于 2016 年调整为佛山市承担。2016 年至 2019 年，佛山市与凉山州结对的乡镇达 33 对、结对的村达 25 对，佛山企业与凉山州 222 个村开展村企结对帮扶。立足于全方位、宽领域、大纵深的全局思维，用绣花功夫精准帮扶凉山，形成了安全住房、产业合作、劳务协作、人才支持、教育医疗、携手奔小康、文化体育、社会帮扶等方面的综合帮扶格局。佛山市在凉山的 400 多个帮扶项目成为凉山脱贫攻坚的强大动力。佛山市把产业帮扶放在重要的位置，从做大做强贫困县的产业入手，为贫困县和贫困村民种下“摇钱树”。根据凉山贫困地区产业发展的现状，佛山市以全产业链条打造为根本，变“输血”为“造血”，通过打造农业产业园区、引入龙头企业和培育经营主体等方式进行产业帮扶。为推动佛山市企业投资凉山，凉山州出台《关于以奖代补鼓励广东企业来凉山投资的管理办法（试行）》，对在凉山州 11 个贫困县注册落地的广东企业按照企业实际投资额 20% 的标准，从佛山市援助凉山的帮扶资金中给予补助支持。

（三）寻求旅游减贫智力服务

智力支持是凉山州旅游扶贫顺利进展的基本保障。相关科研机构为凉山州群众提供免费的培训，旅游专家为贫困村的旅游建设献言献策，为凉山州旅游产业的发展提供强大的智力支撑，促进了民族地区文化旅游的健康可持续发展。

2017 年，“支援凉山专家智库”正式成立，600 多家协会会员单位、逾千名规划设计专家将对凉山的城市规划、建筑、园林景观、历史文化保护利用等领域提供先进的规划设计理念和强有力的技术扶持。建立“支援凉山专家智库”，成立城镇规划、乡村规划、城市设计、建筑设计、市政道路桥梁设计、风景园林、历史文化保护利用、岩土工程、美丽乡村建设等专家指导小组，主动参与到凉山州城乡规划评审，建筑及工程重大项目方案评审，城市设计评审，园林景观、历史街区、名城名镇及传统村落保护利用专家咨询、旅游策划等工作中，当好凉山州新型城镇化建设的“参谋”，以实际行动支援凉山精准扶贫，为建设美丽文明和谐幸福新凉山作出贡献。

2018 年，四川省旅游发展委员会大小凉山彝区旅游扶贫智力服务促进中心派出专家组赴凉山州越西县、喜德县和昭觉县进行 2018 年四川省省级旅游扶贫示范区（村）与民宿达标户创建辅导工作。此次旅游扶贫智力服务内容包括创建方案修改完善、创建标准与流程解读、乡村旅游项目策划、乡村旅游产品开发、乡村旅游经营管理、乡村旅游营销和乡村旅游特色挖掘等方面内容，并开展技术指导。

（四）集聚社会资源实施帮扶

自 2015 年“万企帮万村”精准扶贫行动开展以来，全省已有 4917 家民营企业和商（协）会结对帮扶 4867 个贫困村，共投入资金 64.79 亿元，受益群众达 60 多万人。2016 年起，省委统战部连续 3 年组织省内外民营企业家 1000 多人次赴凉山州参与“凉山行”活动，直接为凉山州公益捐款超过 5300 万元，分别用于“中央厨房”“六件套”“旅游示范村”等项目。截至 2019 年底，11 家省内重点民营企业与凉山州 11 个深度贫困县签署了对接帮扶协议；117 家省工商联联系的民营企业、商（协）会与凉山州 11 个深度贫困县的 167 个贫困村面对面建起“万企帮万村”帮扶关系。

第四节　本章小结

2020 年是我国实现全面建成小康社会目标、脱贫攻坚战收官之年，需要保持攻坚态势，强化攻坚责任，乘势而上，落实各项工作，确保脱贫攻坚目标的实现。实践证明，旅游扶贫已经成为凉山彝族自治州精准扶贫的重要组成部分，且效果显著。旅游扶贫推动凉山州社会经济快速发展，促进产业的转型升级，将政府、企业和村民三者很好地结合起来，形成造血式的扶贫机制，催生民族内生动力，激发贫困群众奋斗脱贫的意愿，防止返贫现象的出现。此外，旅游扶贫有利于凉山州的环境保护和独特的彝族悠久文化习俗的传承，促进了旅游业的健康可持续发展，契合新时代下经济发展的主旋律。

第四章

雷波县罗汉沟村旅游减贫的实践及效果评价

村落之间旅游资源禀赋和自然人文环境的差异性，以及贫困状况与致贫原因的独特性，使贫困村成了我国开展旅游减贫实践工作最基本的空间载体。2015 年，国务院扶贫办和国家旅游局启动 2015 年贫困村旅游扶贫试点工作，在全国共选取 560 个建档立卡贫困村开展试点工作。试点工作充分发挥了旅游业在扶贫富民工作中的突出作用，以改善乡村环境为基础，以培育旅游产业为重点，以实现贫困人口脱贫致富为目标，全面开展整村推进工作，加大资金投入，创新贫困村旅游扶贫工作方式方法，推动旅游扶贫工作向纵深发展。古蔺县大寨乡富民村、马边县烟峰乡烟峰村、雷波县箐口乡罗汉沟村、苍溪县云峰镇云台村、通江县泥溪乡梨园坝村、宣汉县龙泉土家族乡黄连村、宣汉县龙泉土家族乡鸡坪村、红原县安曲镇下哈拉玛村、小金县四姑娘山镇长坪村、泸定县磨西镇柏秧坪村 10 个村落入选。

为纵深推进旅游减贫工作，2016 年，四川省通过对全省贫困村的旅游资源进行认真梳理和核实统计，发现共有 1443 个贫困村适合发展旅游业。根据贫困村的旅游资源禀赋和贫困人口状况，可以将贫困村打造成景区带动型、发展乡村旅游型或开发旅游商品型旅游村落。为此，自 2016 年起，四川省文化和旅游厅（原旅游发展委员会）联合省扶贫和移民工作局全面启动了旅游扶贫示范村创建工作。2016 年，448 个贫困村通过发展旅游实现脱贫摘帽。2017 年，打造了 194 个四川省级旅游扶贫示范村。截至 2018 年底，四川省先后建成省级旅游扶贫示范村 592 个，累计带动 1306 个旅游扶贫重点村退出、24.58 万贫困人口脱贫增收，贫困人口年人均纯收入增加 2093 元。旅游扶贫已经成为凉山产业扶贫的一支生力军，旅游扶贫实践亮点纷呈、特色突出、成效明显。

雷波县箐口乡罗汉沟村苗寨是当地苗族聚居区，距马湖景区 25 公里，地处马湖景区至雷波县城的 353 国道箐口山隧道出口处，是雷波县域规划旅游大小环线之间旅游线路的重要节点和重要乡村旅游景点，具有良好的旅游区位条件。2016 年实行整体搬迁后，罗汉沟村进行人居环境及基础设施建设，承接和分流马湖景区客源市场，通过"景区带村"旅游发展模式，成为雷波县马湖景区的重要补充。2015 年，罗汉沟村被列为四川省 10 个全国旅游扶贫试点村之一，是凉山州唯一的国家级旅游扶贫试点村。同时，罗汉沟村是国家乡村旅游和旅游扶贫观测中心在四川布局的 6 个乡村旅游和旅游扶贫观测点之一，以期及时分析解读监测数据，总结旅游扶贫先进经验和成功模式，巩固和扩大旅游扶贫成效。2017 年，雷波县箐口乡罗汉沟村成功入选四川省旅游扶贫示范村。

第一节　罗汉沟村概况

雷波县箐口乡罗汉沟村是雷波县最大的苗族聚居地、独一无二的苗寨。为了实现旅游扶贫的目标，该县制定了《箐口乡罗汉沟村旅游扶贫规划》，苗寨为项目建设集中区，旅游总定位为"彝乡苗寨"。其旅游方式主要为生活居住兼顾旅游功能，又细分为文化休闲旅游接待区，主要开展旅游接待、苗家乐、民俗文化体验；生态休闲区，主要进行风貌打造，发展林下养殖和农特产品种植；五彩乡村观光旅游区，主要进行风貌打造，发展"水景寻幽"等旅游项目。

一、罗汉沟村村情村况

（一）地理区位

罗汉沟村位于凉山南部的雷波县箐口乡，是苗族集中居住的村寨，共有

262 户、1125 人，其中苗族群众 109 户、415 人。苗族是凉山州第二大少数民族，人口数量仅次于彝族。罗汉沟村的村道公路与 307 省道连接，距离雷波县城 35 公里，距离马湖景区 25 公里。

（二）经济社会水平

罗汉沟村是传统的山地农耕村落，村内的梯田错落有致，四周的植被丰富茂盛，两者相得益彰，自然风光引人入胜。村民主要从事传统的农业生产，种植小麦、水稻、土豆、玉米、油菜等，以林业经济为辅，生产脐橙、核桃、大红袍花椒和香椿树等，其中，香椿树种植面积已达 300 多亩。由于罗汉沟村整体经济实力薄弱，畜牧业发展仍然处于滞后的状态。目前，罗汉沟村的畜牧业类型属于小型养殖，主要有猪、羊和鸡等。

（三）旅游发展情况

罗汉沟村所在的雷波县区位独特，具有“彝区门户、川滇咽喉、黄金走廊、崛起腹地”之称，地处川滇黔“无障碍旅游圈”中的“金三角”区域，位于四川省成雅攀旅游经济带和川南文化旅游区交接处，是凉山州东部彝族文化旅游板块的发展中心。罗汉沟村在雷波县旅游“132”总体布局中，位于锦城—金沙江大峡谷—溪洛渡—马湖—锦城县域旅游小环线与锦城—溪洛渡—金沙江大峡谷—马湖—麻咪泽—西宁—马湖—锦城县域旅游大环线的重合区，旅游环线的搭载加强了罗汉沟村与雷波县重要旅游景区之间的联系。罗汉沟村地处雷波县城与马湖景区的线路上，承接和分流马湖景区的客源市场，旅游市场潜力很大。2015 年，罗汉沟村被列为四川省 10 个旅游扶贫试点村之一，是凉山州唯一的国家级旅游扶贫试点村，力求通过发展旅游业带动经济发展。

（四）基础设施状况

近年来，罗汉沟村致力于完善基础设施建设。目前，罗汉沟村全村已经实现用电和用水自由，饮用水多为山泉水，各户使用的是沼气。罗汉沟村通信设施健全，网络信号覆盖全面，交通便捷，“村村通公路”与307省道相互连接。罗汉沟村的医疗设施与教育设施也在不断完善之中。当下，村内设有专门的医疗卫生机构和幼儿园，村内的广场及篮球场是村民丰富业余生活的场所。不过由于资金有限，村内的卫生室、幼儿园的内置设施简陋，器材不足。

二、贫困现状及原因

（一）贫困状况

雷波县位于四川西南边缘、凉山州的东部，面积达2838平方公里，人口有28.3万人，是中央、省、州三级纪委帮扶定点县。由于自然、历史、社会等因素的限制，雷波县的贫困现状呈现量大、面广、程度深的特点。

早期，位于雷波县高寒山区的箐口乡罗汉沟村苗寨经济发展水平落后，村民生活艰苦。住房简陋，村民只能居住在利用竹篾围成的茅草屋里，遮蔽风雨和御寒保暖的功能都无法实现。为了照看自家的牲畜，人畜混居的现象普遍存在。人畜混居影响了村民居住环境的美观舒适，而且导致疾病的传播。此外，水电不通给村民的正常生活造成许多不便。按照传统方法种植的苞谷、洋芋等庄稼年收成不理想，每亩收成不足100公斤，收入有限。村民的日常口粮除了有限的农作物产品外，需要依赖民政救济，且以挖掘并售卖野生天麻等药材作为添补。

（二）致贫原因

罗汉沟村乃至整个凉山州长期贫困落后的原因是综合的、多方面的，主要是在自然条件、社会历史、文化教育、基础设施、民族传统以及扶贫开发资金的投入不足等多方面因素的综合作用下产生的。就罗汉沟村而言，其贫困的原因错综复杂。

一是社会发育缓慢，罗汉沟村是20世纪50年代直接从奴隶社会跨越至社会主义社会，出现暂时的生产力与生产关系、经济基础与上层建筑不相适应的情况，内生的变革无法保持与制度的同步变迁。二是罗汉沟村的劳动力素质低，村民大多数只有初中、小学的文化水平，思想文化的局限导致他们脱贫进程缓慢，智力支撑与反贫手段有限。三是自然条件恶劣，罗汉沟村地处山地，农耕土地资源有限，农作物产量较低。四是医疗基础设施落后，因病致贫和因病返贫的现象较为普遍。

三、旅游资源概况

（一）自然旅游资源

雷波县位于金沙江下游，是凉山的东大门，特殊的自然地理条件和典型的山地立体气候造就其优美的自然风光。整个雷波县，就是一个天然的地质公园。大江大湖、高山峡谷、森林草原、飞瀑温泉、溶洞奇观分布在近3000平方公里的土地上。东有省级风景名胜区、全国第三大高山深水湖、国家地质公园马湖，以及湖水渗透形成的四个小海和千亩天然湿地；南有“百里画廊”金沙江大峡谷，以及溪洛渡、向家坝库区形成的高峡平湖；西有“南方呼伦贝尔”之称的27万亩连片大草原；北有麻咪泽省级自然保护区、西宁原始森林。此外，还有诸葛亮南征的藏宝洞、彝族向天坟、三国历史等遗迹。雷波县的生态环境孕育了丰富的有机农副土特产，有“国优名果”雷波脐橙、贡茶、马湖春芽、“水中人参”莼菜、野生罗汉竹笋、核桃、青花椒、白魔芋、小凉山土鸡等。

罗汉沟村地处川滇古隆起与新华夏系沉降带的四川盆地的交接地带之间，属于山地地形。全村的山地面积占95%以上，整体为山林陡峻的自然景观。全年光照充足，湿度适中，降水丰富，气候温润的罗汉沟村绿色植被创造了良好的生存环境。青山绿水与农耕梯田互相点缀衬托，自然景色宜人，是极佳的生态旅游地。

（二）人文旅游资源

雷波县具有深厚的历史文化底蕴，留有许多与三国有关的历史遗存和传说。如大陷槽、小陷槽、火烧藤甲等十大历史遗迹，雷波县的县名、雷神洞、马湖及马湖十景也蕴含丰富的历史传说。多民族的水乳交融产生了绚烂多彩的文化，如民歌文化、孟获文化、水电文化和国宝文化，是全国唯一的孟获供奉地。

罗汉沟村是雷波县唯一的苗族村寨，历史悠久，至今仍然保留着苗家传统的生活习惯和人文风俗。他们拥有自己的婚俗和丧仪，信仰祭祀巫术，传承了苗族独有的医药秘方等。苗族人能歌善舞，罗汉沟村的苗族同胞擅于唱山歌，通常是有感而发，不限于固定的歌词，但歌声绵长优美，引人入胜。罗汉沟村的七彩绣花等特色苗绣、制银工艺、芦笙歌舞演艺均具有少数民族的特色魅力。罗汉沟村苗寨文化资源丰富，旅游开发潜力巨大，如表 4.1 所示。

表 4.1　罗汉沟村苗寨文化元素

类型	苗寨文化特征	现状
物质文化	建筑文化	苗族建筑
	服饰文化	苗族服饰、衣裙
	农耕文化	传统农具、捕猎工具
	美食文化	生态绿色产品、手工酿酒
	装饰文化	银饰品、苗绣
非物质文化	歌舞文化	芦笙歌舞演艺
	历史文化	具有民族迁徙历史
	民族手工艺	制银、刺绣手工艺
	处事之道	多民族和谐相处
	语言文化	苗语口头传承

续表

类型	苗寨文化特征	现状
非物质文化	精神信仰	崇尚自然、原始宗教信仰、祭祖
	礼仪习俗	热情好客、保留传统的婚丧礼仪习俗

第二节　罗汉沟村旅游减贫举措

旅游减贫是一项系统工程，减贫措施涉及方方面面，只有统筹协调各项工作才能保证在极其严峻的形势下取得令人满意的减贫成效。罗汉沟村旅游减贫成效的实现，不仅是基础设施建设不断推进、区域经济基础日益夯实的结果，还是旅游扶贫政策逐步落实、旅游开发项目质量不断提升的结果，更是社会各层面帮扶的结果。

一、完善基础设施建设，提升旅游服务质量

完善的旅游基础设施是开展旅游活动的必要前提。随着旅游市场需求日益多样化、个性化和对高品质旅游服务的追求，对旅游交通网、智慧旅游网和公共服务体系网的建设要求越来越高。2003 年之前，雷波县的农业人口占全县总人口的 92%，由于交通不畅、信息闭塞、人才限制等因素，雷波县的县域经济发展一直被边缘化，整体上难以突破贫困的瓶颈。

随着西部水电开发在国家能源开发战略中的比重提高，雷波县的基础设施建设步伐加快。与此同时，溪洛渡水电站工程在雷波县正式开工，后来被称为中国第三大水电站。溪洛渡水电工程的开展顺利突破了雷波县的交通瓶颈，使其在全国的知名度迅速提升，吸引了大量的企业入驻与投资，推动了雷波县的经济发展。溪洛渡水电站的建立，不仅改善了全县的基础设施，产生了巨大的经济效益，而且溪洛渡建设部勇于承担社会责任，积极参与雷波县的教育、卫生、交通等基础设施的建设，投入大量资金改造县内公路，开

凿快速通道，向东连接成乐高速，向东南连接普洱渡火车站。溪洛渡对雷波县的基础设施建设的完善，为之后的旅游业发展奠定了基础。2017 年至 2018 年，为了推动旅游业的发展，雷波县累计投入资金 5000 多万元用于旅游基础设施建设，完成了马湖景区路灯亮化和景区标志标牌建设，完成了 1.65 公里游览步道建设，新建旅游厕所 10 座、旅游观景平台 3 个。

2019 年，雷波县为了加快创建国家 3A 级景区，为箐口乡苗寨景区基础设施建设、服务设施开发建设、环境保护等方面累计投入 1833 万元，其中 600 多万元用于 15 公里通村公路建设，203 万元用于建设游客中心、停车场、广场长廊、寨门、旅游厕所等，400 多万元用于修护苗寨房屋，投入 500 多万元修建步道、栽种经济林木等。此外，罗汉沟村的饮用水以天然山泉与自来水为主，饮用水资源相对充沛，基本能够满足旅游开发后现有居民生产生活需要。同时，为了保障居民和游客饮用水的安全卫生，排水工程采用集中与分散相结合、雨污分流的方式，避免了水质污染，防止了疾病的传播。旅游开发者对罗汉沟村的环卫设施也做出了相应的改进，村内的环卫设施主要涉及厕所、垃圾箱、垃圾集散点、垃圾处理站和运输车。其中，关于厕所的改进是环卫设施建设的重点工作内容。目前，村内是冲水厕所与旱厕相结合，游客中心等处设立的是独立的冲水厕所。

二、优先发展基础产业，奠定经济基础

畜牧业和特色农业是雷波县的基础产业。早期，由于缺乏必要的技术援助，雷波县的畜牧业和农业产能过低，无法实现脱贫目标。2016 年，雷波县的畜牧产业扶贫在罗汉沟村正式拉开序幕。中纪委扶持雷波县畜牧产业的第一批种羊在罗汉沟村免费发放，共计 295 只。同时，按照产业扶贫发展实行“回收周转”的统一要求，畜牧产业扶贫实行“借畜还畜，借禽还禽”的基本原则。畜牧业扶贫的开展在罗汉沟村取得了显著成效。三年之内，罗汉沟村的贫困群众通过饲养羊、猪、鸡等家畜家禽获得了丰厚的经济收入，生活得到了一定改善。

此外，罗汉沟村的特色农业也发展得如火如荼。以前，病虫灾害盛行，严重影响农作物的收成，罗汉沟村村民对此束手无策。因此，农作物的年产量有限，仅能解决村民自家的温饱问题，村民无法依靠销售多余的农作物获得更多的收入。鉴于以上情况，雷波县进一步推进科技扶贫的培训工作，通过农业专家的莅临指导与专业培训，提高基层农技员和贫困户对于农作物病虫灾害的防治水平。随着农业专家的帮扶指导和实践经验的积累，罗汉沟村村民已经能够很好地完成农作物种植以及后期的养护工作，病虫害也能被控制住。马铃薯、核桃、脐橙等特色经济作物的产量每年递增，产业规模渐渐扩大，利润收入不断增加。随着罗汉沟村乡村旅游景点的建设和对外开放，当地特色作物的销售量与日俱增，在游客当中逐渐形成了良好的口碑。因此，除了探索开发苗寨的民族文化资源的旅游价值，罗汉沟村以发展特色农业产业链为基础，不断探索农业的多样性，利用“旅游＋农业”的模式，将旅游业与特色农业相融合，创造出更大的经济、社会、文化和环境等方面的效益。

三、积极落实旅游扶贫政策，贯彻执行“五个一批”行动计划

结合罗汉沟村的现实需要和旅游发展规划，罗汉沟村一直积极贯彻执行旅游扶贫的“五个一批”行动计划，希望推动乡村旅游的大力发展。

（一）旅游精准示范一批

村内选定的17户扶贫示范户通过开展乡村旅游接待服务，实施就地转型、脱贫，实现贫困户拥有的产业、财产、劳动力资源价值的转化和提升。贫困示范户转变生产经营方式和内容，可以参加乡村旅游服务业，开办苗家乐、民宿客栈、农庄、土特产店等，从而创造更多的财富。

（二）特色产业带动一批

通过扶贫示范户的带动，进一步加快培育新型特色农业的转型发展。选

定 20 户有条件实现农业与养殖业转型的农户，通过加入旅游建设活动，将农业、养殖业与旅游产业相互融合，促进传统的农业生产经营向特色休闲农业、观光农业、生态养殖业等转型升级，提高农业、养殖业的专业生产水平，引领其向特色化方向发展，在提升旅游收入的同时，增加农副产品的附加值。

（三）培训创业就业一批

针对规划区内贫困居民整体文化水平较低的现状，为了让贫困居民参与旅游产业的开发建设与经营发展，获得更多的利益分配，选取 35 户贫困户，积极开展旅游培训教育工作，向村民提供必要的旅游服务技能培训和旅游管理知识。乡村旅游发展带来的大量就业机会和岗位，优先考虑贫困群众，使其由传统的农业劳动力向现代化旅游服务劳动力转换，优化全村的劳动力结构，增强贫困群众脱贫的内生动力，推进罗汉沟村的减贫进程，提高整体脱贫的效果。

（四）低保政策兜底一批

对罗汉沟村的单身户实行低保政策，优先实施生产生活的救助和帮扶。一方面全面落实低保救助；另一方面就地改善生产生活条件，利用乡村旅游业的发展向低保户提供就业岗位，带领其脱贫。

（五）医疗保障救助一批

对罗汉沟村贫困户中因为疾病致贫的 3 户单身户优先实行医疗救助，让其摆脱疾病的困扰，重建健康的家庭，并列为政策兜底户，帮助其恢复生产生活的信心，提供其参与旅游服务的就业岗位，改善其生活条件，实现长远发展。

四、利用人文旅游资源，打造苗寨风情项目

雷波县坚持“旅游兴县”，把旅游业作为全县经济转型发展的战略性主

导产业。该县坚持全域旅游发展理念，大力发展以马湖为龙头，溪洛渡高峡平湖、阿合哈洛大草原和西宁原始森林为支撑的全域观光探险、康养度假旅游，打造百亿级旅游业产业集群，把雷波县建成川滇接合部“避暑避霾、美白养颜、养生养老”的旅游集散地。按“一心、四区、两环线”的布局，加快全域旅游开发。

2015 年，罗汉沟村被列为四川省 10 个全国旅游扶贫试点村之一，是凉山州唯一的试点村。与其他少数民族一样，苗族至今保留着独特的饮食、服饰、会客、婚丧嫁娶等风俗习惯。罗汉沟村的神秘且独一无二的苗族风情具有较大的旅游开发价值，其背后少数民族的悠久历史和风俗文化内涵有待深入挖掘。为了实现旅游扶贫的目标，雷波县制定了《箐口罗汉沟村旅游扶贫规划》。苗寨风情旅游建设项目是旅游扶贫规划的重点，2017 年 10 月底，苗寨旅游项目中的苗寨寨门、文化广场、芦笙湖、购物长廊、民俗工艺坊、停车场、旅游厕所等正式开工建设。为提升旅游吸引力，增强旅游美誉度，林业部门还对村内绿化进行了统一规划，对入户路实施了全面硬化。与此同时，结合箐口乡优美的生态环境，旅游部门还对“筇竹生态园”民宿进行了指导建设和功能提升，力求成为游客休闲、避暑、度假的理想选择。2018 年，雷波县委、县政府做出开展箐口苗寨创国家 3A 级旅游景区的部署。2019 年，雷波县启动了罗汉沟村苗寨旅游项目集中区建设，建设内容主要为苗寨民居整体重建、基础设施建设、旅游设施建设、文化建设、产业扶持建设五类。

五、各项对口帮扶，推动产业发展

企业的对口帮扶，推动了雷波县旅游业发展。中国旅游集团一直致力帮扶雷波县的旅游扶贫工作，中旅集团曾召开雷波县的旅游扶贫专题会，制定旅游规划，培训旅游管理队伍，培育特色旅游线路，打造 4A 级景区，推广和开发特色旅游产品。2018 年，中旅集团直接为雷波县的旅游扶贫工作投入 100 多万元，为雷波县干部和群众开设相关的旅游培训课程。中旅集团制订了短期、中期、长期的旅游扶贫计划，因地制宜地发展旅游业，坚持“输血”与“造血”相结合，注重调动各地方群众参与旅游建设的热情与信心，助力贫困群众发家致富，迈向小康生活。此外，中旅集团承办的“大小凉山·千年彝风”的旅游文化节，向全国各地的群众展现了彝族地区的非物质文化遗产、特色旅游产品，极大地提升了雷波县和凉山州的知名度，促进了旅游市场的扩展，推动了当地文化与旅游融合发展。总体而言，中旅集团对雷波县的对口帮扶为雷波县旅游业的发展提供了资金和智力支持，提高了旅游脱贫实践的效率。

第三节　罗汉沟村旅游减贫效应评估

旅游业的精准扶贫正成为促进旅游贫困村产业升级、加快美丽乡村建设、实现农民脱贫的重要抓手。罗汉沟村通过发展乡村旅游，实现了产业发展效应、社会发展效应和环境保护效应的综合提升。

一、产业发展效应

近年来，罗汉沟村的旅游扶贫取得了显著的成绩。当地旅游产业的发展直接促进了地区生产总值的提高，增加了当地居民的经济收入，改善了生活。罗汉沟村的旅游开发为村民提供了自主创业的机会，为当地群众带来了全面的经济效益。尽管苗寨项目尚未完全竣工，但整个村寨已经作为乡村旅游景点对外来游客开放。游客在罗汉沟村开展旅游活动，在食、住、行、娱乐等方面的消费增加了村民的经济收入。作为省级贫困村，罗汉沟村已经于2015年完成全面脱贫的任务，2018年被评为省级旅游扶贫示范村。

罗汉沟村的旅游业发展有利于推动产业转型。目前，罗汉沟村以传统的农耕产业为主。由于地理环境、农耕技术、劳动力素质等条件的限制，罗汉沟村传统的农业增长力有限，利润较薄。因此，借助旅游产业的带动，罗汉沟村发挥种植业、水果林业等特色优势，把握市场需求，挖掘特色产品，将第一产业与旅游业相结合，引领第一产业向特色化、生态化的方向发展。2018 年，罗汉沟村在苗寨附近打造了一个大棚草莓基地，并投入资金 100 万元。

二、社会发展效应

罗汉沟村的居民早先居住在附近山上的“老熊坪”，居住条件简陋。后来在县政府、州政府的帮助下，村民统一搬到现在的苗寨聚居点，由政府出资，每户村民可以得到面积达 66 平方米的免费住房。由于需要将苗寨打造成 3A 级苗族特色旅游新村，整个村落的布局、交通设施、旅游设施等需要统一规划。为了承接马湖风景名胜区的游客资源，罗汉沟村发挥区位优势，于 2018 年申请了 300 多万元的资金，对苗寨所有房屋的外墙进行了风貌打造，又投入 800 多万元，硬化了道路，修建了亭台楼阁等设施。因此，整体上看，罗汉沟村的面貌相较之前已经焕然一新。

打造独具民族风情的苗寨文采、传承悠久的苗族文化是罗汉沟村发展旅游业的目标之一。罗汉沟村的村文化活动室中陈列的苗族服饰、苗族纺车、芦笙从各个方面展示了苗族文化的独特性与多元性。村文化活动室的设立既能使外来游客观看精美的展览，又是罗汉沟村的别开生面的“自我介绍”，体现了罗汉沟村群众对苗族文化的高度认同感与推崇。此外，为了丰富群众的业余生活，文化活动室的二楼设立了对村民免费开放的图书馆。馆内的书籍涉及范围广泛，包含种植、畜牧、烹饪、建筑等方面。近年来，村民的基本温饱问题已经解决，精神层面的追求在不断增加。

罗汉沟村的旅游业发展为当地居民提供了丰富的工作岗位和创业条件，成为增加生计的来源。随着旅游开发进程的加快以及各类旅游项目的推进，罗汉沟村每年接待的游客量在不断上升。部分村民借助旅游的东风进行自主创业，开办农家乐、售卖特色旅游产品等均为他们带来丰厚的利润。其中，精美的苗绣产品深受游客欢迎，而当地掌握苗绣手艺的中老年妇女也可以通过手工刺绣获得经济回报。

三、环境保护效应

旅游对于环境卫生及整洁景观的高要求推动了农村村容的改变、卫生条件的改善、环境的治理以及村庄整体建设的发展。旅游追求个性化、特色化、原生态、唯一性等，形成了旅游村庄的独特面貌和村容，成为打破目前新农村建设中千村一面的最佳模式。罗汉沟村原始优美的自然生态风光对游客具有强大的吸引力。随着旅游开发活动的推进以及政府的宣传教育，“绿水青山就是金山银山”的发展理念被不断灌输，罗汉沟村的居民生态环保意识越来越强。罗汉沟村的旅游开发一直秉持生态扶贫之道，保护乡村田园的生态环境和高山草甸生态环境，防止旅游开发对场地造成环境破坏和环境污染。由于游客对当地的餐饮、住宿的卫生状况的高度关注，罗汉沟村苗寨旅游项目集中力量美化村寨的人居环境，不断进行道路改善、住房改造、厕所卫生建设、生活垃圾以及废水的处理等细节的完善，保障了游客的身心愉悦。

第四节　罗汉沟村旅游减贫评述

虽然罗汉沟村在旅游发展过程中取得了显著的减贫成效，推动了村落经济社会和自然生态的健康发展，但仍面临着一些诸如旅游业专业管理人才不足、旅游业发展指导与监管不到位、旅游营销力度不够等挑战和问题，须在脱贫奔小康的过程中采取措施，从根本上解决这些羁绊。

一、旅游减贫实践过程中存在的不足

（一）旅游专业管理人才缺乏

罗汉沟村的村民主要通过以下三种途径获得生计来源：一是从事传统农

业以及其他经济作物的种植业；二是发展畜牧业，养殖猪、羊等家畜；三是参加苗寨旅游项目，经营相关的旅游活动。其中，从事以上活动的村民大多数是中年人以及老年人，年轻人通常选择离开村寨，前往西昌、成都乃至四川省外的大型城市，很少人选择留在村内发展。留在村内从事旅游经营活动的村民，大多数文化水平较低，没有参加过正规的培训，缺乏专业旅游管理知识与实践经验，对于旅游项目建设处于一知半解的状态。总体而言，罗汉沟村、昭觉县乃至整个凉山州旅游人才短缺的问题一直未有完善的解决方案。凉山州地区的旅游从业人员素质偏低，旅游业结构不合理，旅游业规划、管理、项目开发、营销等方面的人才极其匮乏，严重影响了旅游服务的水平和旅游产品的开发。

（二）旅游发展指导与管理不充分

雷波县关于旅游扶贫的相关事务均由扶贫办负责，没有专门针对旅游扶贫的专业政府部门。尽管扶贫办是脱贫攻坚战的主要推动力量，在宏观调控方面发挥着不可替代的重要作用，但是对于具体的脱贫措施的落实与监督工作仍然有提升的空间。由于政府缺乏专门的旅游扶贫监督管理机构，未能对旅游扶贫开发进行有效的监督管理。旅游开发商把经济利益放在首位，当保护旅游资源、村民利益、企业效益发生冲突时，开发商会以维护自身企业利益为前提采取一系列措施。因此，如果处理不当，相关的旅游利益主体会发生严重的矛盾冲突，造成旅游扶贫的低效率，不利于旅游可持续健康发展。专门的旅游扶贫监督机构的设立有利于监督旅游项目建设过程中扶贫资金使用的具体状况、检查旅游扶贫过程中各级领导干部的工作以及把控各类旅游项目的进程。

（三）旅游营销力度渠道不够

近年来，尽管雷波县不断加快旅游开发的进程，但是旅游业的发展仍然落后于凉山州的其他地区。特色经济作物的种植业是雷波县的支撑产业，雷波县的脐橙、罗汉竹笋、马湖春茶等均具有强大的品牌效应和地方特色。因此，总体而言，雷波县政府、凉山州政府对雷波县种植业投入扶贫的人力、物力和财力都大于旅游建设项目。目前，虽然雷波县的马湖景区具有一定的知名度，但是与泸沽湖、邛海等风景名胜之间仍然存在较大差距，正处于建设期的罗汉沟村苗寨项目的知名度与影响力更是落后于州内其他旅游景区。除了资金投入量差异的原因之外，罗汉沟村滞后的旅游市场营销工作也有一定的责任。罗汉沟村的苗族独特民族风俗文化一直鲜为人知，人文旅游资源未能较早地被开发利用，造成旅游资源的严重浪费。近年来，尽管凉山州开展了节庆活动、拍摄宣传片、参加各类的旅游推介会等，但是其中主要的宣传对象是针对泸沽湖、泸山等国家级景区，对昭觉县和罗汉沟村的旅游景点的推广力度微乎其微。

二、旅游持续减贫改进思路

（一）培育专业的旅游人才

贫困群众作为旅游扶贫的主要参与者和直接受益者，由于知识结构、观念技能等因素的制约，贫困群众参与旅游扶贫的深度和广度有待提高。首先，政府的相关部门应该加强对旅游扶贫的宣传力度，积极开展旅游扶贫信息化服务，将旅游开发的重要性和必要性告知村民，激发其参与旅游建设的热情和旅游脱贫的信心。其次，组建专家服务团队前往罗汉沟村指导村民发展，鼓励有志青年返乡创业，引进创新型人才，给予专项补贴，不断提高乡村旅游服务人员的专业素质和技能。最后，扶贫部门应坚持扶贫与扶智相结合，开展旅游服务技能培训和旅游项目金融业务培训等紧缺类服务培训，定期举办旅游专题培训班，全面提升贫困人口的综合素质，减少返贫风险，在本村设立旅游建设服务点，向村民提供必要的咨询与指导服务。

（二）设立专门的旅游扶贫监督机构

设立专门的旅游扶贫监督机构，严格监督各环节扶贫资金的使用状况以及各部门的工作进程，充分有效地整合参与扶贫活动的人力、物力和财力，完善监督机制，提高旅游扶贫活动的效率。旅游扶贫地区的责任单位需要进一步提高思想认识，严格按照规定开展工作，依据程序合理使用扶贫资金。

（三）构建旅游品牌营销与推广体系

罗汉沟村在加快旅游项目建设的同时，需要依托网络媒体、旅游文化节日、政府宣传等渠道进行营销推广。网络媒体的宣传不仅要依靠传统的报纸、电视以及新闻网站等宣传报道方式，还要紧跟信息时代快节奏的步伐，利用微博、微信公众号、抖音等新兴渠道向不同地区、不同群体和不同层次的人群介绍并推广充满神秘民族色彩和风情的苗寨罗汉沟村。罗汉沟村在旅游营销宣传过程中，应该抓住“扶贫”这一关键特征，将扶贫与慈善的关爱作为旅游营销的文化形象，促使旅游企业和地方政府更好地践行旅游扶贫的义务，激发旅游者内心深处对罗汉沟村的好奇与对当地贫困村民的同情。此外，相关部门需要调动更多的资源加入罗汉沟村旅游品牌的营销与推广当中。

第五节　本章小结

“十三五”期间，雷波县委、县政府高度重视旅游业的发展，提出“旅游兴县”和全域旅游的发展战略。通过雷波县各政府部门的不懈努力、社会企业援助以及雷波县人民群众的积极参与，旅游业得到了迅速发展。2015年，雷波县被正式确定为四川省旅游扶贫实验区，其中黄琅镇大海村、马湖乡大杉坪村被列为旅游扶贫示范村。雷波县箐口乡罗汉沟村成为四川省

10 个全国旅游扶贫试点村之一，是凉山州唯一的试点村。2018 年，雷波县的旅游人数达到 160 万人次，旅游收入约计 9.42 亿元，相较 2017 年增长了 9.42%。全县的旅游发展态势迅猛，交通瓶颈几乎被完全打破，旅游市场的潜力巨大。

乡村旅游是雷波县旅游发展的重点，箐口乡罗汉沟村则是雷波县乡村旅游扶贫的示范点。罗汉沟村旅游扶贫活动的开展，促进了乡村旅游经济的发展和产业结构的转型升级，提高了罗汉沟村村民的生活水平，推进了美丽乡村的建设与振兴。区别于凉山州其他地区以彝族风情为特色的乡村旅游，罗汉沟村主要塑造的是苗寨风情的旅游文化品牌。苗寨风情的神秘性与独特性成为罗汉沟村的旅游规划与发展的亮点，吸引了大量的游客，形成了规模化的旅游产业。此外，罗汉沟村旅游业的发展，推动了农业、养殖业、互联网等产业之间的相互融合，罗汉沟村的产业融合价值链被重新构建，形成了旅游精准扶贫的产业支撑核心动力。

第五章

昭觉县阿土列尔村旅游减贫的实践及效果评价

第一节　阿土列尔村概况

一、阿土列尔村村情村况

阿土列尔村又名“阿土勒尔村”，属四川省凉山彝族自治州昭觉县支尔莫乡，处于昭觉县、美姑县、雷波县的交界处，距离昭觉县城 72 公里，面积达 722 平方公里，常住农户 72 户，约 500 人，辖牛觉社、勒尔社、特土社和古曲洛社四个农牧服务社[①]。阿土列尔村海拔 1400 多米，与地面垂直距离约 800 米，地处美姑河大峡谷断坎岩肩斜台地。如果当地居民想要走向外面的世界，不得不攀爬 800 米的悬崖，越过 218 步藤梯。因此，阿土列尔村又称“悬崖村”。

牛觉社位于古里拉达大峡谷的入口处，靠近 307 省道，是进入勒尔社的必经之地。牛觉社气候舒适宜居，四季温度不分明，严寒酷暑基本不会出现，村里土壤肥沃，流水潺潺。村民主要以种植玉米、土豆、辣椒、芝麻、花生等农作物为生。

勒尔社地处悬崖之上，村寨处在开阔的缓坡地带。目前，勒尔社共有 43 户人家。除了水稻之外，当地村民还种植玉米、青花椒、核桃等其他农作物。此外，村民还饲养牛、羊、猪等家畜，均处于放养的状态，没有圈养。由于交通不便，先进的农耕机器无法被运输到村寨，所以只能用牛来耕

---

① 阿克鸠射 . 悬崖村［M］. 北京：天地出版社，2019.

地。家畜以自给自足为主，较少进入市场。因此，当地村民很少能够从养殖业中获取丰厚的利润。

与勒尔社相邻的是地处重度地质灾害区的特土社，海拔高度约 1500 米，最高处与山下的 307 国道相差 1000 多米。山下到山上的道路是顺着峡谷和悬崖开辟的，路途遥远且非常危险。同时，溪流会沿着这条路从山上流下，每逢雨季会出现泥石流，危及行人安全。大部分村民需要 3 个小时左右的时间才能从山下到达山上，因而，特土社的老弱村民没有特殊情况从不下山。

古曲洛社是昭觉县人口最少的一个社，目前有 9 户人家，不到 50 人。古曲洛社位于阿土列尔村勒尔社的上面，相比较勒尔社平缓的地势，古曲洛社地处深山里的一面坡度大于 70 度的斜坡之上，北临哈甘乡瓦屋村的大峡谷，南靠布色来洛村的原始森林，西望是古里拉达大峡谷和龙沟乡大峡谷。古曲洛社四周环绕山林与峡谷，地势陡峭险峻，生态环境清幽。山林峡谷环绕四周，生态环境清幽。由于险峻的地势，古曲洛社的土地贫瘠，农作物仅限于玉米、土豆、荞麦，但产量不高。

二、贫困现状及原因

（一）商品经济落后

阿土列尔村生产力落后，尚未形成规模化的商品经济。村民种植的农作物主要有土豆、玉米、核桃等，在进行扶贫开发之前，村内尚未形成规模化的种植业。由于交通不便、市场信息闭塞、农副产品运输渠道不通，村内大部分的农作物都是自产自销，利润空间有限。即使村民依靠人力将数量有限的农作物产品背下山，售出的价格也常常低于市场价。其中的原因，一方面是村民缺乏一定的市场认知；另一方面是低价售出强于将农作物再次原路背上山，费时费力并且无法获得经济收入。所以，阿土列尔村的大多数村民为了解决生活的温饱问题，选择种植少量的农作物。

（二）基础教育落后

阿土列尔村的教育发展程度严重滞后于其他地区，人均受教育时间仅有 4.4 年。勒尔小学是阿土列尔村内唯一的村级小学，在勒尔小学上学的学生是阿土列尔村里牛觉社、特土社、勒尔社和古曲洛社四个农牧社的适龄儿童。小学师资缺乏，一方面是村寨的整体经济落后；另一方面是勒尔小学的位置偏僻难寻，绝大部分老师不愿意前往任教。直到勒尔小学搬迁到 307 省道旁的牛觉社后才改变这种情况。早期，勒尔小学基础教育设施落后，教具缺乏，近几年才开始实行汉语、彝语的双语教学方式。

距离阿土列尔村最近的中学是古里中学。古里中学位于距离阿土列尔村 50 多公里的日哈乡，山路崎岖、路途遥远，正常的交通工具无法到达，步行前往耗时约 14 个小时。可见，教育贫困也是阿土列尔村贫困代际传递的重要原因。

（三）思想观念落后

在扶贫开发之前，贫困村民的住房大多数是由石板、木板、茅草等材料建造，住房存在较大的安全隐患。人畜混居的现象随处可见，卫生环境糟糕。一方面，村民们没有足够的经费修缮住所；另一方面，他们已经习惯当下的生活环境，不想改变现状。简言之，他们习惯于贫困，思想处于贫困状态。此外，多年来，阿土列尔村“薄养厚葬”的现象成了风气，同时“高额彩礼”居高不下，攀比之风盛行，这加剧了阿土列尔村的贫困。

三、旅游资源概况

（一）自然资源

古里拉达大峡谷海拔 2800 米，整个峡谷长约 13 公里，宽约 2 公里，谷深约 2200 米，距离县城约 90 公里，位于昭觉县哈甘乡、龙沟乡、且莫乡、支尔莫乡境内的一个偏远区域。峡谷山势陡峻、雄伟壮观，峡谷中的古里拉达河常年奔流不息，水流源源不断。每逢夏季或是雨季，古里拉达河水流湍急、水势迅猛，一般情况下行人难以进入。

距离勒尔社 6 公里处有一个绝壁古洞——罗莫拉达悬崖古洞。罗莫拉达悬崖绝壁间，留有打洞栽桩的痕迹，悬崖古洞之谜至今尚未揭晓。据专业人员勘察，罗莫拉达悬崖古洞应用了古代先进技术，涉及烧炭、伐木、岩壁凿洞、运送木料、砍竹、编竹绳、炼制桐油等分工，推测整个工程至少需要一千人花费一年以上的时间才能够完成。就整个工程分布及其特点而言，学者推测其是一项军事工程。据《三国志》和《诸葛亮传》记载，三国时期，诸葛亮曾率军经过古里拉达大峡谷，进攻现在的越西县城。因此，有人猜测罗莫拉达悬崖古洞是诸葛亮行军过程中炼制火药的地方。罗莫拉达悬崖古洞为阿土列尔村和古里拉达大峡谷增添了许多神秘感，吸引了来自全球各地的众多探秘者。

（二）生物资源

悬崖村所在的昭觉县野生动植物种类繁多，生物资源丰富。截至 2010 年底，昭觉县域范围内已发现党参、五味子、龙胆、半夏等野生药用植物 130 余种，分属 60 余科，蕴藏量高达 187 万余公斤[①]。发现小熊猫、猕猴、水獭、野猪等 30 余种野生动物，此外，还有云南松、冷杉等植被资源和苹果、杜仲等多种经济林木。阿土列尔村拥有 12 个猴群，每个猴群都有 200 只以上。

（三）文化资源

昭觉县作为凉山彝族的“历史文化中心”，各种历史悠久的彝族文化资源异彩纷呈。昭觉县沉淀着丰厚的民族传统文化，包括毕摩文化、彝族民间

---

① 中国小康网：四川凉山彝族自治州昭觉县自然资源［EB/OL］. http://xianyu.chinaxiaokang.com/liangshanyizuzizhizhou/zhaojuexian/yilan/2019/1127/804800.html，2019-11-27.

文学、彝族服饰文化、饮食文化、传统节日文化等，同时，有着众多国家重点保护文物，如汉代石表、博什瓦黑古崖画等，还有历史遗址分布在其境内。

第二节　阿土列尔村旅游减贫举措

位于深度贫困山区的阿土列尔村，在交通不便、出行受阻、产业发展缺乏有效支撑的情况下，脱贫攻坚任重道远。然而，阿土列尔村及周边区域拥有丰富的特色旅游资源，如悬崖深涧、原始森林、瀑布溪流等，发展旅游业具有得天独厚的优势，因此，政府将“旅游减贫”作为悬崖村重要的脱贫攻坚战略。阿土列尔村立足地域与资源优势，因地制宜，将旅游业作为新常态下实现从“输血式”到“造血式”扶贫的重要途径，以发展旅游业引领村民脱贫致富，加快推进阿土列尔村旅游减贫进程。

一、藤梯换钢梯，悬崖天堑变身网红景点

“天梯”是阿土列尔村最大的资源。相较于四通八达且平坦的公路，阿土列尔村的“天梯”尽管路途艰险漫长，却也是攀登蜀道的一种独特的体验。因此，阿土列尔村决定不修公路，不开办工厂，投入资金修缮并维护“天梯”，开发山地旅游。2014 年，昭觉县政府出资提升了骡马道的安全性。2016 年 5 月，凉山彝族自治州州委书记提出修建一条钢筋结构的梯道，保证群众出行的安全。同年 7 月，凉山州政府、昭觉县政府共同筹措资金 100 万元用于阿土列尔村的藤梯改造，以钢梯代替藤梯，保证村民及游客的出行安全。2017 年 11 月，村内的进山货运索道开始调试运行，自此，旅游开发所需的物资均可通过货运索道送达目的地，既保障了村民的生命安全，也为阿土列尔村的旅游开发创造了条件。

阿土列尔村的“天梯”是现代社会中人类在险恶环境里生存的“活化

石”，是人们体验的“活标本”[①]。攀登悬崖的钢梯因安全因素拆除了陡坡地段，媒体报道后形成了悬崖村效应，每天都有各地的游客慕名而来，专程体验悬崖村村民的艰苦生活，感受攀登“天梯”的辛苦，游览凉山特有的地形和地貌风光，欣赏悬崖村下美姑河峡谷秀美的一面。

二、打造传统民俗村落，传承彝族文化

阿土列尔村村民大部分都是彝族人，主要使用的语言为彝语，是一个典型的彝族民俗村落。每年的 11 月 20 日至 26 日是一年一度的彝族新年，阿土列尔村的彝族群众会用杀猪、祭祀和走亲拜年等活动进行庆祝，彝族风味十足。此外，阿土列尔村村民热情好客，一些彝族生活习惯一直传承至今。

阿土列尔村结合实际，将村民的住房打造成能够展示凉山彝家民居特色的传统民宿，吸引游客入住，体验传统彝族风俗。同时，让跋涉千里而来的外地游客们可以在顺着栈道索道上山的过程中感受到阿土列尔村独特的彝族风情[②]。此举推动了民俗文化与旅游发展的深度融合，有利于推进阿土列尔村旅游产业的高质量发展。

三、政企合作，助力百姓减贫减负

2018 年 1 月，凉山州昭觉县支尔莫乡阿土列尔村启动昭觉县投资最大的旅游开发项目——悬崖村古里大峡谷景区项目，该项目计划投资 6.3 亿元，分三期进行，到 2022 年全部完工。该项目由川投集团、成都天友旅游集团共同投资开发，计划将该开发地区打造为都市上班族向往的山地度假旅游目的地、民俗传承人群喜爱的彝区农文旅体验目的地和积极响应国家战略的文旅产业扶贫示范基地[③]。川投集团、成都天友旅游集团和当地党委、政府

① 胡印斌 . 悬崖上的孩子［J］. 杂文选刊，2016（7）：38–39.
② 阿克鸠射 . 走出“悬崖村”［J］. 凉山文学，2017（5）：23–35.
③ 李秋怡，衡洁，吴亚飞 .“悬崖村”引资 6.3 亿元发展旅游［N］. 四川日报，2018–1–14.

结合阿土列尔村的现实状况，经过长时间的沟通讨论和多次科学调研论证，确定了符合阿土列尔村的发展模式——村企共建共享的合作模式，其中，对村民们的“造血”式扶贫机制颇为关注[①]。

根据政府与企业的合作计划，投资企业与阿土列尔村村集体达成了景区建设期内的统一劳务派遣管理机制，切实保证了阿土列尔村的劳动力能够作为务工人员参与当地景区的建设，从而获得劳务性收入。在景区完成基本建设并正式投入运营后，部分中青年将得到投资企业组织的培训机会，考核通过后可以应聘景区相关的岗位，使其获得工资性收入。企业无偿分配部分营业利润给村集体合作社，并尝试将资产适度量化到户、分配到人。在村集体成立各类文旅专业合作社中发挥辅助作用，积极引导村民们参与文化表演、安全防护服务等活动获得经营性收入。鼓励引导村民们流转土地、托管房屋，使村社集体和村民们在用好用活土地政策的情况下获得财产性收入……

总体而言，阿土列尔村村民的脱贫致富是政府与投资企业通力合作进行旅游开发的根本出发点和基本落脚点，携手共建彝族老乡安居乐业的“悬崖美丽家园”。

四、促进农旅融合，推进产业发展

阿土列尔村虽地处山区，但其自然地理位置特殊、空气清新无污染、水源清洁原生态、森林茂密葱郁、特色资源丰富。阿土列尔村充分利用当地土地资源，立足于自身的比较优势，大力发展特色农业，把产业发展作为阿土列尔村脱贫奔小康的后续支撑，引导村民从牛耕人种、自给自足向现代化经营、商品化营销转变，成为该村脱贫致富的重要途径。

2017 年，阿土列尔村收到了凉山州国家油橄榄重点良种基地无偿提供的油橄榄良种苗木，在已经建成的 0.4 公顷高标准试验示范地上利用 600 株良种苗木进行油橄榄试种试验[②]。此外，为帮助村民们脱贫增收，在油橄榄

① 白骅. 凉山“悬崖村”吹响文旅扶贫“集结号”[N]. 中国旅游报，2018-1-17.
② 凉山州昭觉县人民政府，http://www.zhaojue.gov.cn/。

规模化种植之前，阿土列尔村通过“借羊还羊”“产业扶贫资金入股”等方式，引导村民们改变过去的种植结构，大力发展阿土列尔村的特色种养业。充分利用当地的自然条件，种植核桃1.5万株、青花椒4420株、脐橙7000株，并成立了山羊养殖合作社，饲养山羊448只①。此外，阿土列尔村采取“公司+支部+党员+农户”这一具有创新性的经营模式，引进专注于油橄榄产品的中泽公司，联合成立了阿土列尔村和中泽公司共同持股的昭觉中泽支尔莫油橄榄产业发展有限公司，并积极注册“悬崖村”农产品系列特色品牌，与京东公司签订了相关电商扶贫协议，村集体可以通过电商平台销售农产品、通过电商平台配送“悬崖村”系列品牌。农户实际可通过公司股权分红、土地流转、油橄榄产业基地务工、电商平台等方式拓宽增收渠道②。

五、鼓励村民创业就业，提升自我发展能力

“悬崖村天梯”为阿土列尔村吸引了一批又一批来自五湖四海的游客，一部分村民利用自家住房的便利性开始经营小卖部和农家乐。目前，村里共有8家小卖部，米酒作坊、农家乐、民俗客栈的建设步伐也不断加快，民宿雏形开始显现。村民“悬崖飞人”拉博成为阿土列尔村第一位被旅游公司聘任的户外攀岩领队，旅游发展大大提升了阿土列尔村村民自我发展的能力。

村民是发展阿土列尔村旅游的主力军，也是旅游业的直接受益者。为此，村委鼓励和引导村民积极参与到阿土列尔村的乡村旅游发展之中，使他们由从事传统农耕业的农民变为从事第三产业的旅游从业者。针对阿土列尔村村民缺文化、缺技术等问题，村委多次组织村民到其他景区参观学习特色农家乐、土特产及旅游品销售等经验。同时，创办并连续开展多期农民夜校培训，主题涵盖基层党建、生态种植、生态养殖、彝族手工、彝族歌舞、教育扶贫、禁毒防艾、环境综合治理等。通过学习、培训、交流等方式，有效

---

① 王明峰．乡亲们过上“四好”新生活［N］．人民日报，2017-9-5.

② 阿克鸠射．一年蝶变“悬崖村”［N］．凉山日报（汉），2019-1-2.

提升了村民的游客接待和服务能力，让游客感受到彝族人的热情好客，赢得了乡村旅游的良好口碑。目前，阿土列尔村正在逐渐形成“人人参与乡村旅游，户户有旅游收入”的良好局面。

六、利用互联网优势扩大“虹吸”效应，助力旅游减贫

钢梯缩短了村子与外面世界的距离，互联网在空间上使悬崖村与外界紧密相连，让阿土列尔村真正融入了全世界。随着 4G 网络的全覆盖，互联网进入村民们的日常生活之中，村民们渐渐感受到互联网的方便快捷所带来的无穷魅力，而年轻村民的网络参与感更强，体验更加深刻。

阿土列尔村因媒体报道红遍了全国，村里的年轻村民们借助“天梯”进行网络直播获得直播收入，让不能实地体验“天梯”的网友通过视频直播感受攀爬钢梯的心情。“网红”村民每天直播三四个小时[①]，除了介绍阿土列尔村如今的现状以及近年来发生的变化外，还向观众介绍家乡的土特产并积极推销农产品，销售效果良好。互联网技术打开了阿土列尔村特色产品的“线上”营销渠道，助推了阿土列尔村的乡村旅游业发展。

第三节 阿土列尔村旅游减贫效应评估

本节基于前文对旅游减贫效应评价的概述，从经济效应、社会文化效应和环境效应三个方面对阿土列尔村的旅游减贫效应进行评估。

一、经济效应

昭觉县阿土列尔村的贫困因素有多种，既有自然因素的不利性影响，也有限制发展的社会因素，更有远古时代彝族先民躲避战乱等历史因素[②]。伴

① 阿克鸠射．“悬崖村”的蝶变之路［N］．凉山日报（汉），2019-9-30.

② 明亮，王苹．凉山彝族地区反贫困研究［J］．民族学刊，2019，10（6）：23-31+116-119.

随着产业结构的转型升级，农民增收不再依赖农业，非农产业反而成了农民增收的关键性因素[①]。旅游业作为典型的劳动密集型产业，就业门槛相对较低，在旅游资源丰富的贫困地区大力发展乡村旅游能够为当地的村民提供大量的就业机会[②]，以增加农民收入。提高贫困地区经济发展水平是旅游减贫的主要指标，该指标是贫困地区旅游减贫的重要指标之一。在各级党委与政府的共同努力下，多种旅游减贫举措顺利实施，关联产业快速发展，就业机会明显增多，阿土列尔村经济不断增长。据统计，阿土列尔村贫困人口2014年的年平均收入不到2000元，2019年已经达到了6000元左右，贫困村民的收入大幅度提高。

通过发展乡村旅游，可以为贫困人口提供更多的就业和创收机会。山区基础设施建设落后，产业发展主要是劳动密集型产业，这些产业对劳动者的素质要求不高，农村中的剩余劳动力都能完成。通过旅游扶贫能有效吸纳这些地区的剩余劳动力[③]，切实维护村民利益，提高贫困地区农民的收入水平，促进农民就地就业，带动关联产业发展，调整产业结构[④]，带动并辐射周边乡村创业致富，加快农民脱离贫困的步伐。旅游业作为集“吃住行游购娱”于一体的关联产业，可以有效拓宽农民的就业渠道。阿土列尔村在旅游扶贫开发中，农户向游客或当地农家乐售卖自家种植的农副产品，可以增加农业收入；部分农户选择到景区务工，获得工资性收入；有一定资产和经营能力的农户选择利用自家的房屋或者租赁房屋经营农家乐或民宿客栈，从而带来经营性收入。此外，为大力发展阿土列尔村的乡村旅游，政府采取了多种方式扶持阿土列尔村的旅游业发展，如先建后补、以奖代补等，为村民们带来

---

① 钟甫宁，何军．增加农民收入的关键：扩大非农就业机会［J］．农业经济问题，2007（1）：62–70+112.

② 余利红．基于匹配倍差法的乡村旅游扶贫农户增收效应［J］．资源科学，2019，41（5）：955–966.

③ 陈希勇．山区产业精准扶贫的困境与对策——来自四川省平武县的调查［J］．农村经济，2016（5）：87–90.

④ 吴国琴．大别山区旅游扶贫生态绩效的实证分析——以豫南4个旅游扶贫村为例［J］．信阳师范学院学报（自然科学版），2016，29（3）.

了补贴等其他收入。

贫困发生率的降低促使越来越多的剩余劳动力转移到旅游业发展提供的就业岗位上，旅游业从业人员增多，进而促进旅游收入提高；同时，旅游业的吸纳能力也进一步扩大，产业得到了升级，出现了更多的优质岗位，促进了村民就业，使得村民们的收入水平不断得到提高，阿土列尔村旅游收入和消费需求由此形成了一种良性互动，产生累积循环效应[①]。

二、社会文化效应

除经济效应外，旅游扶贫在社会文化方面也成效显著，旅游扶贫促进了贫困地区的居民与外界的沟通交流，改变了贫困居民闭塞保守的落后价值观念，极大地推动了贫困地区社会文化方面的进步[②]。旅游扶贫的社会文化效应主要体现在贫困型旅游地社会文化环境在旅游活动介入后会得到整体优化[③]。

近年来，政府不断加大对保护环境、加强个人卫生等方面的宣传教育，阿土列尔村村民的环保意识和卫生意识逐渐增强，村民们逐渐养成了勤洗手洗脸、勤换衣物等良好的生活习惯。随着生活条件的改善，村民们的住房条件和饮食烹饪习惯发生了很大变化，土灶炉替代了传统的火塘，在节省燃料的同时避免了火灾等安全事故的发生，此外，人畜混居的现象已经得到很大的改善。目前，大部分村民的住房已经配备了院坝、厕所和畜圈等设施，阿土列尔村整体村貌焕然一新。

村民们的思想观念发生变化。相较过去的"安于现状"，现在的阿土列尔村村民积极寻找发家致富的路径，通过办养猪场、开农家乐、修建客栈、利用电商销售农产品等途径获得较为丰厚的经济利润，生活得到了改善。此

---

① 黄渊基，熊曦．民族地区旅游业发展与居民减贫关联研究——基于民族八省区面板数据的实证研究［J］．城市发展研究，2018，25（9）：153-158.

② 张晓明，张辉，魏伟新．基于旅游扶贫战略的效应分析及创新对策研究：以星子县为例［J］．生态经济，2010（5）：138-141.

③ 冯灿飞．贫困型旅游地文化变迁的动因及规范研究［J］．特区经济，2006（5）：200-201.

外，村民的思想素质均有提升，自觉遵循《村民自治公约》，抵制高价彩礼、婚丧嫁娶大操大办的陋习。

三、环境效应

旅游减贫环境效应是指不仅要帮助贫困人口及地区实现脱贫致富的目标，还要降低各种能源的消耗和减轻对环境的破坏。旅游减贫对于贫困地区的环境效应主要表现在：旅游开发可以减轻为缓解贫困而进行的经济发展对自然环境的压力①，有效克服区域性生态脆弱劣势而导致的贫困问题②。以旅游发展为依托的特色种养殖业和阿土列尔村的乡村旅游业都是污染小、排放少的无烟产业，为当地的发展带来了巨大的环境效应。然而，随着媒体对阿土列尔村的宣传报道，阿土列尔村接待的游客数量与日俱增。村内尚未配置处理大批量的生活垃圾和生活废水的相关设施，不仅有碍村貌，而且破坏生态环境，影响旅游形象。

第四节　阿土列尔村旅游减贫评述

一、旅游减贫成果

（一）基础设施建设显著改善，群众生活更幸福

作为凉山州拥有独特地理生态环境的一个小村庄，昭觉县阿土列尔村在得到广泛的媒体报道和持续不断的社会关注后，在极短的时间内涌入了大量

---

① 常慧丽.生态经济脆弱区旅游开发扶贫效应感知分析——以甘肃甘南藏族自治州为例［J］.干旱区资源与环境，2007，21（10）：125-130.

② 良警宇.旅游开发与民族文化和生态环境的保护：水满村的事例［J］.广西民族学院学报（哲学社会科学版），2005，27（1）：54-58.

的公益性组织，快速聚集了各类资源。2016 年 11 月，高级的钢梯替换了阿土列尔村原来的 17 段藤梯，结束了村庄数百年交通不便的历史。2017 年 6 月，阿土列尔村通信铁塔完工，同年 12 月，阿土列尔村电网建设改造升级工程结束[①]。钢梯取代了原来上下山的旧藤梯，教育、医疗、水电等基础设施得到了合理有效的配置，村民的生活水平在有了移动网络、商店和农家乐后显著提高。

（二）以旅游产业发展为支撑，充分调动贫困户参与旅游经营的积极性

阿土列尔村过去的发展主要靠特色农业，旅游开发给当地发展注入了新活力，成为村民长效脱贫的新路。以旅游产业发展为支撑，合理地带动当地村民的生产经营：一是充分发挥产业周转资金和小额信贷的作用，让贫困群众以资金入股产业，免担一切风险，尽享一定红利；二是提供就业空间和更多的就业岗位，让有劳动力的贫困群众到景区务工，增加村民收入。在景区建设、发展、运营的过程中，优先聘用景区附近贫困群众务工，为其提供就业岗位，提高就业机会，增加收入，减轻家庭经济负担，形成“1（1 个景区）+N（N 个贫困户）”促就业模式，助力百姓脱贫减负。

旅游企业有意识地引导和培养村民们参与配套服务建设，捐建部分基础设施，协助村民成立专业合作社，引导村民在旅游住宿、餐饮服务等方面创新创业。同时，旅游企业也非常重视旅游人才的培养，“90 后”村民莫色拉博因自身特长和积极乐观的态度在成都天友旅游集团谋得了职位，目前被天友旅游集团送到专业机构进行户外导游培训，收入大幅度增加，顺利实现脱贫。

（三）推进社会服务，建设美丽乡村

大力发展村级集体经济，通过市场化管理运作村里的专业合作社，合作

---

① 李秋怡，等．“悬崖村”进入新时代［N］．四川日报，2018-1-19.

社收入用于产业扶贫和技术服务。建立集体经济收入用于贫困户分红、医疗、教育扶持等公共服务方面的受益机制，增强村级组织的社会服务能力。加强村级社会管理服务的思考与探索，强化本村社会管理服务工作，制定阿土列尔村社会服务工作方案，充分依托各级工会、团委、科协等群团组织在教育扶贫上下功夫，深入开展扶贫政策培训、科学种养技术培训、农民工技能培训、基础文化培训、医疗培训等，不断提升村民综合素质，增强脱贫帮困的信心，拓宽增收致富的渠道，巩固精准扶贫的效果。在医疗、文化等社会服务上下功夫，积极与相关组织机构部门联系，争取他们在医疗卫生、留守儿童、孤寡老人关爱、乡俗文化、产业发展、公共管理等领域的支持，最大限度地发挥各类社会组织在旅游减贫工作中的作用。在进一步发展旅游方面，充分结合周边市场环境，对旅游产业发展进行合理规划，在乡村旅游、农家体验游、山地旅游度假等方面探索推进。

二、旅游减贫仍存在的问题

（一）旅游商品层次不高

从当前看，阿土列尔村的产品档次偏低，尽管旅游产品种类丰富，但是缺乏市场竞争力。由于阿土列尔村的旅游项目开发时间晚、工程大，前期大量的人力物力均致力于旅游基础设施的建设。因此，旅游产业尚未在阿土列尔村实现规模化发展，当下旅游产品主要有吃农家饭/彝家饭、欣赏古里拉达大峡谷的自然风光、攀登“天梯”等简单的活动。旅游产品规模小、档次不高、缺乏文化内涵与产品特色等一系列问题需要引起当地政府、旅游开发者的重视。阿土列尔村的民俗文化旅游开发力度仍然有待加强，由于“天梯”的险峻奇观过多分散了旅游开发者的关注，当地特有的彝族民俗风情以及文化内涵尚未得到深入挖掘，难以促进旅游产业的长远发展。

随着阿土列尔村易地搬迁扶贫工作的顺利开展，村内彝族老人都搬进了县城的新家，只剩下年轻人往返于新家和旧寨之间。由于山途的遥远艰险和自身的年迈体衰，搬迁的彝族老人几乎不再返回山上。相较年轻人，搬迁的老人对彝族几千年的生产和生活方式、技艺、习俗等更为熟知。随着村寨现代化旅游开发的发展，加上老人的离去，彝族依靠口头和行为传承的各种文化遗产正在不断消失。变迁的生态环境和传统民族文化难以激发游客的兴趣，不利于民俗旅游的可持续健康发展。

（二）缺乏专业人才

近年来，在大小凉山彝区旅游资源开发的过程中，加强了旅游教育的力度，通过对旅游行业从业员工职业道德修养和从业技能的培训，从总体上使员工素质有了很大提高。但由于彝区旅游从业人员受教育程度的制约，很大程度上影响了员工素质和服务水平的提高。

阿土列尔村由于其地域问题和工作条件的限制，大多数旅游业从业人员是从村民转变而来，几乎没有外来从业人员。由于受区域长期封闭的影响，当地村民的地方性传统思想观念根深蒂固，在短时间内对其素质进行改造和提高困难重重。目前，阿土列尔村的旅游业整体从业队伍学历水平偏低，缺乏专业知识，服务水平不高，使阿土列尔村区域整体的旅游产业发展受到影响，导致旅游资源的开发和扶贫效应的提高在很大程度上受到了影响。

（三）村民参与力不足

阿土列尔村的旅游扶贫主要采用的是政府主导、企业建设、村民参与的模式。这种模式的局限性主要在于村民过度依赖政府，参与旅游建设的积极性不高。由于文化教育水平的限制，大多数贫困户对于旅游产业的认识不充分，旅游服务意识不强，管理能力有限且缺乏经验。阿土列尔村的村民参与旅游建设的方式主要有三种：一是直接向游客销售土特产，如土豆、玉米、荞麦等，但是销售量有限，利润少；二是开办农家乐、小卖部等专门接待外来游客，尽管利润空间大于单独销售土特产，但是由于自身能力水平的限制，村内的农家乐与乡村旅游示范区的农家乐仍然存在很大的差距；三是村民充当阿土列尔村的导游，挂职于专业的旅游公司，但是这种模式只适合少数村民，多数村民受到语言的障碍以及身体素质的限制。

三、改进建议

（一）加大旅游产品开发力度

提高旅游商品层次，丰富旅游产品种类，必须加大对当地特色旅游产品的开发力度。阿土列尔村应该充分发挥自身生态旅游资源的优势，不断挖掘历史古迹遗址和民族文化内涵，打造具有核心竞争力的旅游产品，塑造品牌效应。依托阿土列尔村的峡谷、森林、高山等原生态的自然景观，大力发展生态乡村旅游、特色山地乡村旅游、灯光生态环境体验旅游等，突出阿土列尔村的自然风貌，比如古里拉达大峡谷景区。阿土列尔村的彝族同胞有火把舞、左脚舞、跳菜、“打羊”和“打牛”的迎客习俗，还有独有的彝族服饰，可以深入挖掘彝族群众的民俗风情，融入旅游开发之中，打造特色乡村民俗旅游产品。阿土列尔村重点培育核桃、青花椒、脐橙、中药材等农业特色旅游产品，可以打造“阿土列尔村”特色农产品品牌，利用“旅游＋农产品”的经营模式，增加农产品的附加值，提高村民的经济收入。

（二）完善人才机制

根据旅游管理者和经营者的需求，开展有针对性的旅游接待服务培训。实施旅游人才培训计划，分别针对旅游行政部门负责人、基层党政领导干部和企事业单位人员组织形式各异的培训工作，从旅游发展思想到旅游服务实操对其进行培训，以提高地区对旅游发展的重视度及服务质量，增强游客满意度。

（三）加强扶智教育

贫困人口只有积极主动地参与旅游建设，才能在旅游精准扶贫中获益，因此，需要将扶贫与扶智相结合，激发贫困群众脱贫的内生动力。首先，政府及村干部需要做好关于旅游脱贫的相关政策的宣传工作，让村民了解旅游脱贫的重要性以及必要性，提升其认可度；其次，向村民提供必要的知识讲座和技能培训，提高其旅游服务意识；最后，先培育出一批主动参与旅游建设、积极脱贫的示范户，形成能够进行复制推广的脱贫模式，打消群众的疑虑与担忧。

第五节　本章小结

深山有贫困，深山也有美景。闻名全国的凉山州阿土列尔村以实际行动践行“绿水青山就是金山银山”这一理念，利用所在区域独特的峡谷、溶洞、原始森林、彝族文化等旅游资源以发展旅游业，带领村民们脱贫致富，有效带动了相关产业的发展。

本章对昭觉县阿土列尔村旅游减贫的实践及效果进行了评价分析，综合阿土列尔村贫困情况及旅游减贫的过程，我们发现旅游业的健康发展和社会进步是相互统一、相互促进的关系。发展旅游业，可以使吃、住、行、游、购、娱各要素转化为对贫困地区相关产业的整体拉动，带动一个片区经济社会的全面活跃。旅游扶贫是助推阿土列尔村社会经济发展、改善群众生活的重要手段，为了更好地发展阿土列尔村的旅游产业，各级政府和社会组织不断投入扶贫资金，完善基础设施。阿土列尔村发展旅游业主要是政府主导、企业建设、村民参与，形成“造血”式的扶贫机制，做到内生动力长久性的旅游扶贫，以旅游产业为首要产业，带动种植业、畜牧业等产业的协调发展。随着阿土列尔村旅游开发进程的推进，独有的“天梯”成为村民通往富裕小康生活的阶梯，是脱贫攻坚战阶段性胜利的见证，是振兴阿土列尔村的强大武器。

第六章

盐源县舍垮村旅游减贫的实践及效果评价

第一节　舍垮村概况

一、舍垮村村情村况

舍垮村隶属四川省凉山彝族自治州盐源县泸沽湖镇，坐落于泸沽湖东南岸川滇交接处，一村垮两省，距盐源县城约 120 公里，距泸沽湖镇约 8 公里。舍垮村东向同直普村接界，西向与云南山垮村相邻，南向与山南村接壤，北向以博树村相接，全村下辖 10 个小组，耕地面积有 4200 亩，领土面积达 42 平方公里，有 6 个联社。据不完全统计，截至 2019 年，该村常住居民 315 户，人口共计 1389 人。从民族构成上看，居民以蒙古族、汉族、藏族为主[①]，是泸沽湖地区人口居住最密集的村落[②]。

舍垮村所在的盐源县是一个有 2000 多年建制的文明古县，也是一个少数民族聚居县，常住民族多达 14 个，如彝族、汉族、蒙古族、藏族等，该县同时也被列为国家扶贫工作重点县。全县幅员约 8398.6 平方公里，总人口约 35.6 万人[③]，孕育了古老神秘摩梭文明的泸沽湖。泸沽湖因其自身得天独厚的优美自然风光以及颇具特色的母系民族人文风情而闻名遐迩，有“香格

① 卢拉伙．舍垮村古村落调查［EB/OL］. http://blog.sina.com.cn/s/blog_4f3dfae30102y6tn.html，2019-2-22.

② 郭泽华．四川泸沽湖畔舍垮村：冬桃种植助力脱贫摘帽［EB/OL］. https://www.sohu.com/a/347789373_123753，2019-10-18.

③ 盐源县人民政府．县情简介［EB/OL］. http://www.yanyuan.gov.cn/xxgk/jbxxgk/yygk/xqjj/，2020-6-8.

里拉的源头”“母系氏族的家园”“神仙居住的地方”等美誉。

二、贫困现状及原因

舍垮村在发展旅游业前，经济水平落后，村民生活艰苦。村民家庭经济收入主要依靠传统的农业种植与畜牧养殖的方式。按照传统方法种植的农作物受自然环境因素影响较大，收入弹性小，收入水平低下。村民住房简陋，多居住在利用竹篾围成的茅草屋里，此类房屋遮蔽风雨尚可，但御寒保暖的功能尚未实现。且当地村民多采用人畜混居的形式，以方便照看、防盗牲畜，但一方面影响了村民居住环境的美观舒适，另一方面易引起疾病的传播。此外，因舍垮村位于川滇两省交界，治安环境复杂，加上村民文化水平低下，村内鸡鸣狗盗之事甚至成为常见现象，村风民风不纯，也让外村人避之不及。2014 年，盐源县脱贫攻坚战全面打响，确定了包括舍垮村在内的贫困村和极度贫困村总计 122 个，贫困人口 15062 户、68970 人，贫困发生率达 19.1%①。其中，舍垮村建档立卡贫困户 67 户、254 人②，占全县贫困人口的 0.37%。

舍垮村早期贫困落后的原因是错综复杂的，涉及自然条件、文化教育、交通条件、医疗条件等多个方面。舍垮村农耕土地资源有限，平均海拔约 2700 米，年平均气温 12.8℃③，属于高原山地气候，不适宜传统农作物的生长，致使农作物产量不高，村民收入有限。舍垮村的村民文化水平普遍较低，大多数只有初中、小学的文化水平，智力支撑与反贫手段有限，思想文化的局限在一定程度上阻碍了脱贫的进程。舍垮村地处山区内部，山路崎岖，交通不便，村民难以与外界接触，信息交流闭塞，降低了商品流通的可

① 凉山州人民政府门户网站．盐源县“新”起点上造“兴”城［EB/OL］. www.lsz.gov.cn/jrls/gzdt/xsdt/201911/t20191104_1378147.html，2019-11-04.

② 凉山日报社．舍垮村：从“乱得很”到“好得很”［EB/OL］. http：//lsxb.ls666.com/html/2017-06/21/content_294508.htm，2017-6-21.

③ 四川古村落数据库．凉山盐源县舍垮村［EB/OL］. http：//baike.sc.xinhuanet.com/town/a/383.htm，2018-10-31.

能。舍垮村早期医疗基础设施落后，因病致贫和因病返贫的现象较为普遍。

在各级政府的关心帮助和全县干部群众的共同努力下，2016 年，盐源县成功实现 28 个贫困村、7411 人脱贫，其中包括舍垮村贫困户 67 户、贫困人口 254 人[①]。

三、旅游资源概况

舍垮村属亚热带高原季风气候，水源丰富，日照富足，四季分明，昼夜温差大。全村平均海拔约 2700 米，地域宽广、平坦，风光旖旎，物产丰富，历史悠久，民风淳朴，有着丰富的自然及人文旅游资源。舍垮村西北临国家级重点风景名胜区——“神秘女儿国”泸沽湖，优美的湖泊及周围自然环境为盐源县及舍垮村发展旅游业奠定了良好的基础。舍垮村是典型的未开发的原始摩梭村寨，2016 年被列为“第四批中国传统村落”，村内居住着蒙古族、汉族、藏族等多个民族的居民，各民族都有绚丽多彩的文化和民风民俗，如传统摩梭建筑、甲搓歌舞、转山节、转海节等，使舍垮村成为泸沽湖镇当之无愧的民族大村、文化大村。

泸沽湖地处四川省西南部、青藏高原的东南部，是国家级风景名胜区，也是国家水利风景区。作为融自然景观与人文景观为一体的知名旅游胜地，泸沽湖于 2007 年、2008 年连续两年在全国网络评选活动——《魅力四川》中被广大游客评选为“自驾车最佳旅游目的地”。泸沽湖作为我国最清澈的高原深水湖泊之一，湖面海拔高达 2690 米，水域面积达 58.8 平方公里，水域最深处达 93 米，平均水深约 40 米。并且，泸沽湖湖水清澈甘冽，能见度为 12 米。泸沽湖内含有多个岛屿，其中全岛 5 个、半岛 4 个、长岛 1 个，还有湖湾 14 个。气象方面，泸沽湖全年日照率约 57%，全年日照时数约为 2600 小时，全年平均气温约 12.9℃。夏无酷暑，冬无严寒，被中外游客认

---

① 凉山日报社 . 舍垮村：从“乱得很”到“好得很”[EB/OL] . http://lsxb.ls666.com/html/2017-06/21/content_294508.htm，2017-6-21.

为是夏季避暑的旅游胜地、冬季阳光旅游的最佳去处[①]。泸沽湖四川片区总体面积达 314 平方公里，湖周群山环绕，后龙山楔入湖心，格姆女神山高踞湖畔，后龙山与格姆女神山遥相呼应，构成形如马蹄的泸沽湖[②]。

舍垮村传统摩梭建筑保存完好，传统建筑面积约占全村建筑总面积的 90%。传统的摩梭族四合院严格遵循母系原则，以“祖母屋”（正房）为主，辅以“经堂”“花楼”“草楼”。“祖母屋”一般配有火塘，其对面或者旁边紧接“经堂”，“花楼”和“草楼”则坐落于两旁。房子大多为井干式木楞子房，松林质的方木砌成四面墙体，石块垒砌而成屋基，屋顶采用的是悬山顶，其上多覆瓦砾或木板。截至目前，该村木楞子房屋、土充院墙以及村落布局形式基本保持原有风貌，代表着泸沽湖沿岸摩梭村落的主要特征。

甲搓歌舞据传源自远古时代，当地先民在经受外敌袭扰之时，部落的首领便组织族众于村口烧起大火，形成火塘，人们即围绕火塘跺脚、呐喊，以制造声威吓退外敌。而当敌众退去，人们则又因为胜利的欣喜而围绕火塘唱歌跳舞，通宵达旦，甲搓歌舞便随之而生。而今，甲搓歌舞发展为庆丰收、贺节日、祈神灵的歌舞；同时，也为适龄的俊男靓女联姻提供了途径。该歌舞充分展现了摩梭人一直以来对美好生活的向往，也承载着摩梭人对丰收的喜悦、对节庆的喜乐、对男女之间美好爱情的颂赞。跳舞时，领舞者立于排头，以笛子或芦笙进行伴奏，人们则紧紧环绕篝火，邻者深挽手臂，五指两相交叉，翩翩起舞，舞势随着舞曲旋律节奏而相应变化，或者轻盈，或者明快，或者刚健粗犷，又或者热烈欢快，姑娘与小伙一个个身着摩梭族人特有的民族盛装，组成一个不断前进的“彩色长龙”，时不时迸发出“阿喏”“喏”之类的吼声，震耳欲聋。值得注意的是，姑娘们的服装更为鲜艳亮丽，尤其是她们美丽淡雅的百褶裙随着轻盈的舞步而旋转，随着湖风而摆

① 马国颖 . 魅力泸沽湖［EB/OL］. http://www.sc.chinanews.com/zjlgh/2019-03-04/100529.html，2019-3-4.

② 搜狐网 . 日出日落——泸沽湖［EB/OL］. https://www.sohu.com/a/303060196_363252，2019-3-22.

动，头上的彩珠以及胸前的银链也在火光的照耀下如同闪光的星点，耳边装饰的“达达线”也时而随风飘荡，展现出摩梭姑娘独有的迷人风采。

转山、转海是摩梭人祭祀山神和水神的重要方式之一，他们相信这种方式会给人们带来健康、幸福、吉祥。最隆重的转山节是格姆山神祭祀日，在每年的农历七月二十五。每逢格姆山神祭祀日，周围的村民便会穿上鲜艳亮丽的节日盛装，带着各种食物，或骑马或步行，不约而同地相聚，围绕格姆女神山进行朝拜，祈求山神免除灾害，祈求五谷丰登、繁荣昌盛，并向山神敬上水果、净水、酒肉等。村民祭祀完后会进行跳狮子舞、赛马、荡秋千、对歌等文娱活动。转山节与转海节类似，每月初一、初五、十五、二十五，村民们便身着艳丽服装，带着丰盛的食物，采取骑马、步行、坐船、骑自行车等方式围绕泸沽湖祈福。转海一般需要十几个小时，村民们一边祭祀一边娱乐。每逢转海佳节，一路上红红绿绿的转海队伍便如同一条色彩斑斓的“长龙”，游动在山水之间，展现出中国独具的特色民俗文化。

第二节　舍垮村旅游减贫举措

一、依据位置优势，打造旅游减贫品牌项目

泸沽湖是国家级重点风景名胜区，也被称为“神秘女儿国”，凭借秀丽的风景及神秘的文化底蕴吸引着大量游客，于是，为游客提供旅游服务便成为当地居民增加旅游收入的重要途径。洛洼南码头归属于舍垮村，位于泸沽湖草海和亮海之间。2014 年，在村组干部的支持下，舍垮村旅游致富带头人杨吉宇带领贫困村民建设游船码头，利用摩梭人独有的交通工具——猪槽船[①]成立船队，为游客提供渡船服务，运送游客到草海、亮海、王妃岛等地

① 猪槽船即独木舟，由一根粗壮的圆木镂空，两头削尖而成，因其状如一只长长的猪槽而得名。在泸沽湖，猪槽船曾是摩梭人独特的交通工具。

观光。一方面，该项目使游客与“摆渡人”面对面交流，体验了泸沽湖地区独有的交通方式，欣赏了湖上美景，感受了当地风俗文化，增强了游客的文化体验；另一方面，该项目有效增加了参与渡船服务村民的收入，改善了村民生活条件。此外，渡船服务业吸引了部分外出打工的年轻人回村，为舍垮村的旅游减贫工作注入了活力。在船队创建初期，船队仅有 2 艘猪槽船，到 2017 年底，船队已有 37 艘[①]，乘坐猪槽船成为到泸沽湖游玩体验的品牌项目，“高原草海泛舟”也成为盐源县旅游发展的主题活动。

二、建设摩梭家园，拓宽旅游减贫新路子

舍垮村内摩梭家庭众多，摩梭村民在长期历史传承中形成了独特的风俗习惯、传统技艺及生活方式，具有突出的民俗文化特色。依托摩梭文化资源，培养摩梭居民的文化自信、家园自信，帮助他们建设摩梭家园，并科学运用于发展民俗旅游中，是进一步拓宽当地旅游减贫道路的重要方法。政府及相关部门具体做法如下：

一是立足“文化先行”，建设摩梭家园。为助推各贫困村脱贫攻坚，盐源县政府专门设立“泸沽湖摩梭文化保护基金”，每年从泸沽湖景区门票收入中提取资金 200 万元，用以支持摩梭文化传承相关的项目建设。采取摩梭文化传承人评定、摩梭文化家访户评定、摩梭母系大家庭评定等方式……帮助其更好地建设摩梭家园[②]。

二是依托摩梭文化，利用村落及地理优势，提供多种“摩梭家园式”民俗旅游服务，助力脱贫工作。通过打造具有摩梭民俗文化特色的家访、美食、民宿等体验项目，增加贫困户参与旅游项目的可能性，有效利用闲置房屋，带动舍垮村村民发展经济，更好地让外来游客体验泸沽湖摩梭民俗文化。

---

① 凉山日报社 . 舍垮村：从“乱得很”到“好得很”[EB/OL] . http://lsxb.ls666.com/html/2017-06/21/content_294508.htm，2017-6-21.

② 盐源县政府 . 盐源县立足“旅游 + 扶贫”助推泸沽湖景区脱贫攻坚 [EB/OL] . http://www.lsz.gov.cn/ztzl/rdzt/tpgjzt/xsgz/yyx/201804/t20180403_1186920.html，2018-4-3.

三、创新节庆元素，推动旅游扶贫纵深发展

传统节会是舍垮村发展旅游的有利条件。充分利用各类特色节庆资源，在传统节会的基础上，创新节庆活动元素，推动旅游扶贫纵深发展是舍垮村减贫的重要举措。政府及相关部门采取措施如下：

一是重现传统节会，包括转山节、转海节、太阳神节等，以村集体牵头，着手打造摩梭人盛大的节庆旅游项目，吸引游客，增加当地旅游收入。

二是“以节为媒”，发展冬桃园特色美食、民族文化村落、篝火晚会等，真正做到让游客走得进来，留得下来。

三是在传统节庆基础上增加大型专题活动，申请各种学术会议、论坛、赛事等活动的举办权，加大对当地文化的保护、传承力度，突出当地文化旅游特色。以大型专题活动为例，2017 年以“世界的泸沽湖・幸福的摩梭人”为主题的中国四川环泸沽湖国际自行车公开赛暨摩梭文化国际论坛在四川省盐源县泸沽湖镇召开；2019 年“盐源县泸沽湖转山转湖节摩梭非遗文化展演活动”在泸沽湖镇情人滩码头举办。相关活动为舍垮村带来了大量探寻摩梭文化的旅客，增加了村民的旅游收入，推动了舍垮村旅游减贫的进程。

四、发挥种养业优势，增添旅游减贫新动力

舍垮村属亚热带高原季风气候，海拔高，昼夜温差大，水源丰富，日照充足，水热条件好。科学利用地理位置优势，发展以冬桃、玫瑰为代表的种植业，以鸡、鸭等为代表的家禽养殖业，是舍垮村旅游减贫工作的新动力。

自开展扶贫攻坚工作以来，舍垮村探索出了“种养业 + 旅游业”的扶贫模式，通过“公司 + 集体（合作社）+ 农户”的组合形式开展减贫工作。首先，以每年每亩 800 元的价格统一流转，整合村民土地，招商引资建立玫瑰园、冬桃园及草莓园，集中养殖鸡、鸭、鹅等高山优质家禽，发展种养业。其次，成立劳务合作社，优先聘用贫困户居民，与贫困户签订用工合

同，参与种植园、养殖园的运营管理工作。最后，将冬桃园 300 亩土地的流转租金（每年约 20 万元）作为村集体经济，既保证“输血”式扶贫又创新“造血”式扶贫。种养业的发展不仅增加了贫困居民的就业机会，还可以为餐饮部门提供食材，为发展桃花观赏、果实采摘等参与性旅游项目奠定基础。

截至目前，舍垮村建成食用玫瑰基地 1200 亩、高原优质冬桃基地 500 亩、草莓种植基地 80 亩，集中养殖家禽 1 万只，村集体经济收入超过 20 万元，成为全县首屈一指的富裕村，并于 2016 年实现脱贫摘帽。

五、融合线上资源，搭建旅游扶贫新业态

泸沽湖良好的气候及地理条件为当地带来了丰富的农产品，绚丽多彩的民俗文化为旅游纪念品的设计制作奠定了文化底蕴。合理依托多产优势，融合线上销售渠道，创新旅游扶贫业态，是帮助舍垮村贫困户脱贫摘帽的途径。

舍垮村贫困户及其他村民通过鱼苗养殖、原生态菌菇采摘、果蔬种植、纪念品制作等形式间接参与到旅游活动中，为当地旅游活动的开展提供物质基础。同时，政府及相关部门引导旅游致富带头人通过电商展销平台推广泸沽湖鱼虾、菌类等农副产品，开发设计摩梭法杖、猪槽船、摩梭风情皮画等手工艺品，创新产品的销售途径，实现当地农产品、手工艺品的增值，增加贫困户收益。

六、提升农民素质，塑造旅游扶贫新引擎

舍垮村地处山区，交通闭塞，村民文化水平普遍不高。提升村民素质，增强村民就业技能，培养出一批符合时代需求、带动当地经济发展的新型农民，是促进旅游减贫工作的重要举措。

舍垮村所在的盐源县，政府通过号召帮扶干部帮助群众增强自身“造血”功能，全面采纳并启动了“新型农民素质提升暨技能提升培训工程”，

旨在培育一批具备良好素质和道德水平的新型农民，使他们有文化、懂政策、懂科技、懂法律、懂技术，增强脱贫效果的可持续性和稳定性。贫困群众参加完技能培训，一方面可以回到家乡为当地经济发展贡献力量，另一方面可以转移就业，向外输出劳动力。2017 年至 2019 年，盐源县培训贫困群众达 10874 人，实现转移就业或劳动输出达 4000 人以上，总收入实现 1.5 亿元以上[①]，这使盐源县人民群众的生活水平得到了很大提升。

第三节 舍垮村旅游减贫效应评估

本节基于前文对旅游减贫效应评价的概述，分别以宏观视角和微观视角对旅游减贫效应进行多方面评估。

一、宏观视角的旅游减贫效应评估

（一）旅游减贫经济效应

在各级党委及政府的共同努力下，多种旅游减贫举措顺利实施，关联产业快速发展，就业机会明显增多，舍垮村经济不断增长。据统计，2016 年，舍垮村建档立卡贫困户全部脱贫；2017 年，舍垮村实现农民人均收入 14150 元，村集体经济收入达到 25 万元，成为全县首屈一指的富裕村[②]。

（二）旅游减贫社会文化效应

舍垮村是少数民族聚居区，形成了具有地方民族差异性的风土人情和摩

① 中国组织人事报．有你在，脱贫不遥远［EB/OL］.http：//www.gcdr.gov.cn/content.html?id=36792，2019-5-13.

② 西部新闻．百姓生活网：党旗映红摩梭古寨［EB/OL］. http：//xbxw.ccwqtv.com/sc/ls/zntt/news259538.htm.

梭文化，为旅游开发奠定了丰厚的非物质文化基础。在政府的支持下，通过建设摩梭家园、发展与民俗旅游相关的项目，舍垮村的旅游减贫工作在社会文化方面取得了一定成果。第一，民俗文化得到了有效的保护与传承。长期以来，舍垮村的民俗文化不为外界所知，其价值得不到重视和保护，面临减少甚至消亡的危机，旅游业的发展使得其传统文化得到恢复、传承和发展创新，非遗传人受到尊重。第二，社会文化水平得到了优化。舍垮村在发展旅游业之前，交通闭塞，与外界联系少，旅游业的发展加强了舍垮村居民与外界的沟通，使原先保守落后的价值观念和小农意识得以改观，优化了当地的社会文化水平。第三，社会秩序更加稳定。随着旅游的开发，相关产业不断发展，就业机会逐渐增加，原本无业的居民参与到旅游服务中来，解决了就业问题，促进了社会稳定。

（三）旅游减贫生态效应

旅游减贫生态效应是指不仅要帮助贫困人口及地区实现脱贫致富的目标，还要降低各种能源的消耗和减少对环境的破坏。将生态环境看成旅游减贫赖以生存的资源条件，以可持续的理念进行旅游开发，尤其注重生态环境保护，从而实现生态环境资源的永续利用与改善当地贫困人口生活水平的有效统一。旅游减贫生态效应主要包括当地居民的环保意识及开发旅游对当地生态环境污染的影响。

舍垮村发展旅游不仅培养了居民的环保意识，还为舍垮村带来了生态环境的改善。一方面，在旅游开发之前，由于极度贫困，生活条件恶劣，部分村民为了暂时改善生活，不惜采取砍伐树木、采砂、填湖等破坏生态环境的行为。为发展旅游业，2010 年，泸沽湖镇党委、政府及包括舍垮村在内的各个村委采取多种有效方式，认真宣传贯彻《泸沽湖风景名胜区保护条例》《泸沽湖风景名胜区总体规划》及《泸沽湖镇舍垮村村规民约》，使村民系统地了解生态环境的价值，培养生态环境保护意识，杜绝采砂、填湖、砍伐树木等破坏生态的行为，自觉成为生态环境的守护者。另一方面，在发展旅游之前，舍垮村及周围地区缺乏生态环境保护的必要资金，缺乏垃圾和污水处理等基本环保设施。旅游开发后，发展旅游带来的收入为当地生态环境的保护和优化提供了资金，解决了环保设施不足的问题，使舍垮村及周围地区的生态环境得到了进一步改善。泸沽湖镇于2012年荣获四川省“生态旅游百佳乡（镇）”称号。

二、微观视角的旅游减贫效应评估

（一）旅游减贫增收效应

世界旅游组织将贫困人口旅游减贫的增收途径归纳为：贫困人口直接就业于旅游相关企业；向旅游企业提供产品或服务；直接向旅游者销售旅游产品或服务；个体经营旅游小微企业；政府旅游财政税收再分配；外部捐助或投资旅游基础设施使当地贫困居民受益[①]。以上途径舍垮村贫困人口几乎均有涉及，洛洼南码头的游船服务、种植园的管理、花果的售卖、旅游纪念品的售卖、民宿服务、家访服务、土地流转等项目使舍垮村贫困群众有效地参与到旅游服务中，实现了贫困户收入的增加。2019年舍垮村村集体经济收入达到20万元，村民人均收入增加到8000元。以舍垮村村民郑孝刚为例，2016年其仅通过卖旅游玫瑰商品收入就达2万元以上；村民杨二车通过参与洛洼南码头的渡船服务，在2017年的收入达到3万余元。

（二）旅游减贫参与效应

参与式旅游减贫是一种关注大众的全面参与以及在管理决策中的主体地位的减贫发展模式，目的是引导社区根据自身实际情况分析致贫原因并构建脱贫机制，从而增强贫困地区自身的“造血功能”、减贫能力。贫困人口的参与是实现旅游减贫目标和可持续发展的重要途径，当贫困人口参与到旅游

---

① 余利红．基于匹配倍差法的乡村旅游扶贫农户增收效应［J］．资源科学，2019，41（5）．

减贫中时，可以延伸整个旅游产业链，增加贫困人口的就业机会，使其能够获取更多的旅游直接收益。

在各种旅游项目开展的初期，舍垮村与周围地区贫困人口及村民有顾虑存在，参与积极性不高。在各级政府的领导作用、村内党员干部的带头作用下，贫困群众及村民了解到项目的运营规则及实施效果，增加了参与的积极性，随之越来越多的贫困户参与到旅游发展中来。此外，县政府启动“新型农民素质提升暨技能提升培训工程”，对参与旅游服务的居民进行了技能培训，使居民既有意愿又有能力参与到旅游及相关产业中，获得更高的收益。

（三）旅游减贫满意效应

相关研究指出，贫困居民参与旅游开发的机会更多、能力更强、从中获取的利益更大时，对旅游减贫效应的感知就会更加积极，对旅游减贫的效果就会更加满意，通常会忽视旅游减贫开发过程中造成的负面影响①。基于前面内容的分析，我们发现舍垮村及周围地区贫困人口有机会参与技能培训，有意愿、有能力参与旅游开发，并且获得了较好的收益。此外，据多方报道案例中的资料显示，舍垮村贫困居民在谈论当地旅游减贫效果时，多次使用“高兴”“越来越好”“优势”等词语，语气中充满自豪与欣慰，表露出村民对旅游减贫效果满意的心境②。

第四节　舍垮村旅游减贫评述

舍垮村自 2014 年开展脱贫攻坚工作以来，在帮扶干部的带动下，一个个帮扶项目落地，一户户贫困群众脱贫，全村基础设施、农旅产业、就业机

① 江华. 风桥社区旅游扶贫效应居民感知及提升策略研究［D］. 安徽财经大学，2019.

② 凉山日报社. 舍垮村：从“乱得很”到“好得很”［EB/OL］. http://lsxb.ls666.com/html/2017-06/21/content_294508.htm，2017-6-21.

会、村民收入等方面均发生了巨大变化，村民内生动力日益加强。但仍存在产业融合度不高、产品开发力度不强、专业人才不足等问题。

一、旅游减贫成果

（一）配套设施日益健全

有效解决游客进入的便利性及游客在当地的生活问题，保证游客的可进入性、持续性是贫困地区开展旅游减贫工作的起点，因此，配套设施的完善成为发展旅游的关键。2014 年起，泸沽湖镇借着大力发展旅游业的东风，加上脱贫攻坚各项政策的施行，依托摩梭家园建设项目，对各村落基础设施、民居建筑等进行改造完善。

首先，政府及相关部门投资约 1 亿元，对泸沽湖镇各村落的道路交通、供排水系统、垃圾收集中心、文化活动场所、消防设施等基础设施和公共服务设施进行质量提升。截至 2017 年，已完成舍垮村及周围 29 个村落的基础设施改造，包括 13.3 万平方米道路、2.1 万米污水管网、3.4 万米排水沟、2028 平方米文化活动场所等。其次，政府及相关部门投入资金 6260 万元引导泸沽湖镇摩梭群众进行民居改造，截至 2017 年底，完成了 30 个自然保护村落 2350 户民居建筑改造，涉及舍垮村居民 282 户、贫困户 67 户（贫困户实现全覆盖）[①]。在改造民居过程中保留了传统摩梭民居的特色，维持了原有布局，并增设了厨房、卫生间等现代生活配套设施，完善了居住功能，改善了采光和通风环境，民居坚持人畜分居，整治院落环境，村民生活得到了极大改善。最后，大力推进农村新型合作医疗，扩建村级卫生室，实施广播电视“村村通”工程，建好村级文化室，启动“一村一幼”试点工作，解决了舍垮村 50 名适龄儿童“上学难”的问题。

---

① 中国新闻报 . 泸沽湖景区依托摩梭文化资源“旅游 + 扶贫”模式效果显著［EB/OL］. http：//www.sc.chinanews.com/szjj/2018-03-08/81586.html，2018-3-8.

（二）关联产业逐步发展

旅游业是综合性产业，与农业、服务业都能形成广泛关联。舍垮村旅游业的发展不仅带来了可观的直接收入，还整合了当地丰富的物质、文化资源，带动了传统产业的升级与发展，成为舍垮村经济发展的重要引擎。

在各种旅游减贫路径的实践中，旅游业发展延伸到各个业态，逐渐形成规模。截至 2017 年底，洛洼南码头的游船从最初的 2 艘发展到 37 艘[①]；截至 2019 年底，优质冬桃种植由最初的 200 亩扩大到 500 余亩，收益最高峰年产值达到了 200 万元以上[②]；生态玫瑰种植示范园已达 1200 亩，成为游客到泸沽湖必游之景；养殖园的家禽也已达到 1 万余只[③]。

（三）就业机会明显增多

旅游业具有产业关联性强以及就业门槛低等特点，因此，一个完整的旅游产业链需要众多的人力资源做保障：划船旅游服务人员、客房和餐饮服务人员、导游讲解员、特产销售人员、市场开发以及景区规划人员等。旅游业及关联产业的发展为舍垮村贫困人口提供了大量的就业机会，尤其是类似于特产销售、划船服务等项目，不需要掌握复杂的操作技能和丰富的专业知识，这可以弥补贫困人口受教育程度较低的短板。

（四）村民收入有效提升

自开展脱贫工作以来，当地政府依托独特的摩梭文化资源，统筹抓好旅游减贫、产旅融合、综合治理等工作，坚持“政府引导、部门联动、社会参

---

① 凉山日报社．舍垮村：从“乱得很”到“好得很”［EB/OL］．http：//lsxb.ls666.com/html/2017-06/21/content_294508.htm，2017-6-21.

② 中国新闻网．四川泸沽湖畔舍垮村：冬桃种植助力脱贫摘帽［EB/OL］．https：//www.sohu.com/a/347789373_123753，2019-10-18.

③ 搜狐网．泸沽湖镇舍垮村开展感党恩宣讲暨“四好”创建表彰活动［EB/OL］．https：//www.sohu.com/a/358348751_120055194，2019-12-4.

与、贫困户受益”的原则。2019 年，舍垮村村集体经济收入达到 20 万元，成为全县首屈一指的富裕村，村民人均收入增加到 8000 元，贫困户人均纯收入均超过 3300 元。

以舍垮村贫困户樊善发为例，樊父因工受伤，失去劳动力，小女儿患有先天性的智障，妻子在家打理农务，照顾老人、小孩，樊善发四处打零工挣钱，负责一家人的开支，家庭经济捉襟见肘。如今，他通过参与村集体的“公司 + 集体（合作社）+ 农户”扶贫模式，流转土地，进入玫瑰园任职，并在政府的支持下，创建砖厂、发展养殖业，目前已实现家庭年收入 8 万余元。

二、旅游减贫中存在的问题

（一）产业融合度不高

舍垮村多年来一直在积极寻求突破与发展，开发出了一条多产业与旅游产业融合发展的减贫道路。以冬桃、玫瑰产业为例，其发展虽然有着得天独厚的地理优势、气候优势、价格优势和区域优势，并已初具规模，但在产业发展过程中仍然存在与旅游业融合度不高的情况。此外，在一定程度上也存在营销组合策略缺乏、产业投入产出比有待提高、运营机制不够灵活、规划布局不尽合理、销路不稳定等问题。

（二）产品开发力度不强

作为一个建设了享誉全国的摩梭家园、被列入中国传统村落名录的贫困村，以民俗文化、农业与旅游为突破口，舍垮村在旅游产品打造方面存在缺乏内涵和特色的现象。只是单纯地致力于满足游客旅游的最基本的六大要素，对于旅游项目的文化和民俗的深度挖掘不到位，发展思路不够明晰；主要依靠泸沽湖的自然风光吸引游客，为游客提供住宿、餐饮、游船等服务，缺乏更具有体验性的旅游项目。因此，前来参观的游客多为一日游或两日游行程，游客的停留时间短，没有形成规模效应。

（三）旅游专业人才不足

舍垮村及盐源县其他村落因地域、工作条件限制，外来从业人员极少，当地的群众构成其主要从业人员，而且大多以农民为主。近年来，盐源县在开展旅游减贫的过程中加强了旅游教育的力度，通过“新型农民素质提升暨技能提升培训工程”，对从业职工的从业技能以及人文道德修养进行系列培训，从而在总体上使部分村民的从业素质得到了一定程度的提高。然而，旅游业实际上对从业人员是从综合素质方面进行要求，而且是有较高的要求，上述人员因其自身长期的生活工作习性，再加上区域封闭度较高，这就使得他们对待旅游业的固有观念难以迅速调整，很难在短时间内实现适应地区旅游业发展所需的高素质人员的要求。此外，年轻从业者的人员流动率居高不下，使得留下来的从业队伍人员整体素质相对较低。因此，当地现有的旅游从业者无法很好地满足当地旅游发展的要求，这在一定程度上阻碍了当地旅游业持续发展、不断提高的进程。

三、改进建议

（一）不断加强产业融合力度

舍垮村的农业、旅游业及文化产业已取得一定成果，但仍存在产业融合度不高、营销组合策略缺乏、规划布局不尽合理、机制不活等诸多问题。为解决相关问题，相关部门应以“旅游 +”“+ 旅游”为突破口，在产业发展的基础上，依托现有资源，统筹推进产业融合研发工作，不断升华产业融合力度，做到旅游、文化、农业共同发展。

（二）进一步加大产品开发力度

加大对当地旅游特色产品的开发力度，是提高旅游商品层次、丰富旅游产品种类、留住游客的重要途径。舍垮村应该充分发挥自身生态旅游资源的优势，不断挖掘民族文化、历史文化内涵，打造具有核心竞争力的旅游产品，塑造品牌效应。依托高原、山地等原生态的自然景观，大力发展生态乡村旅游、特色山地乡村旅游、灯光生态环境体验旅游等产品，突出舍垮村自然风貌的原生态。依据甲搓歌舞、转山节、转海节等民俗文化，深入挖掘当地的民俗风情，融入旅游开发，打造系统性强、参与性高、吸引力大的旅游系列产品，增加游客的认同感，延长游客的停留时间，提高村民的经济收入。

（三）做深、做实人才培训工作

贫困群众作为旅游扶贫的主要参与者和直接受益者，由于知识结构、观念技能等因素的制约，舍垮村及周围地区旅游从业人员对参与旅游的深度和广度有待提高。因此，相关部门应在原有“新型农民素质提升暨技能提升培训工程”“两师一员试点培训工作”的基础上，总结培训经验，多方面开展工作，将人才培训工作进一步做深、做实，为舍垮村及盐源县的旅游发展提供优质人才资源。具体来看，应做到以下三点：第一，总结以往培训经验，发现培训工作中的不足，找出培训空缺，定期举办培训，全面提升贫困人口的综合素质，降低返贫风险；第二，组建专家服务团前往舍垮村指导村民发展，实施对点帮扶，并设立旅游建设服务点，向村民提供必要的咨询与指导服务；第三，鼓励培训结业人员返乡创业，引进人才，开发有吸引力的项目，并给予专项补贴，使当地能够留得住专业人才。

第五节　本章小结

舍垮村地处山区，产业基础薄弱，受交通条件限制，农民增收途径少，是少数民族聚居的国家扶贫工作重点县。然而，其地处旅游胜地泸沽湖东南岸川滇交界处，跨四川、云南两个西南大省，区位优势明显，不仅水热条件丰富，而且地域宽广、平坦，风景秀丽，是泸沽湖地区居住最密集、商业化冲击最小、民俗风情最浓郁的村落。

各级政府及舍垮村委依据当地丰富的旅游资源及地理位置优势，探索出了洛洼南码头渡船服务、建设摩梭家园、创新节庆活动、发展种养业等多条旅游减贫路径，经过各种路径的实践与发展，舍垮村在经济、社会、文化、生态环境、村民增收、居民参与及居民满意度各方面均得到了较好成果。经综合评述，舍垮村在旅游减贫的进程中，配套设施、关联产业、就业机会、村民收入、生活水平都得到了明显提升。

本章对盐源县舍垮村旅游减贫的实践及效果进行了评价分析，综合舍垮村贫困情况及旅游减贫的过程，我们发现旅游业的健康发展能够促进贫困地区经济与社会的可持续发展。这同样验证了习近平总书记提出的理念——“绿水青山就是金山银山”。旅游业、经济发展与生态环境之间是相互依存、相互统一的关系，通过发展旅游业实现经济的发展、生态环境的优化是贫困地区减贫的重要举措。

第七章

凉山州乡村旅游与乡村文化振兴的耦合关系研究

第一节　研究背景

一、乡村振兴战略是党的重大决策部署

乡村振兴战略是党的十九大提出的一项重大决策部署[①]，这是以习近平同志为核心的党中央着眼党和国家事业全局，深刻把握现代化建设规律和城乡关系变化特征，顺应亿万农民对美好生活的向往，对“三农”工作作出的重大决策部署，是决胜全面建设社会主义现代化国家的重大历史任务，是新时代做好“三农”工作的总抓手。习近平总书记指出，乡村振兴既要塑形，也要铸魂。实施乡村振兴战略，必须高度重视乡村文化建设，坚定乡村文化自信，扎紧文化之“根”、铸牢文化之“魂”。自党的十九大提出乡村振兴战略以来，乡村旅游经济得以蓬勃发展，逐渐成为乡村经济发展的新引擎，乡村旅游经济的发展对于调整农业产业结构、解决农民就业、统筹城乡发展、繁荣农村经济、促进农民增收、加速社会主义新农村建设等具有十分重要的战略意义。

二、文化和旅游融合发展是形势所需

2017 年 10 月，党的十九大报告提出实施乡村振兴战略。2018 年 1 月 2 日，中共中央、国务院发布《关于实施乡村振兴战略的意见》，对乡村振兴

① 郭红军 . 实施乡村振兴战略的重大现实意义［N］. 光明日报，2018-7-13.

战略的目标、任务和路径进行了顶层设计，并明确指出要“繁荣兴盛农村文化，焕发乡风文明新气象”，必须坚持物质文明和精神文明一起抓。2018 年 6 月，中共中央、国务院正式印发《乡村振兴战略规划（2018～2022 年）》，进一步明确了实施乡村振兴战略的目标思路、重点任务和实施路径，提出了一系列重大工程、重大计划和重大行动，其中包括以乡村公共文化服务体系建设为载体，培育文明乡风、良好家风、淳朴民风，推动乡村文化振兴，建设邻里守望、诚信重礼、勤俭节约的文明乡村，推动文化、旅游与其他产业深度融合、创新发展。2019 年 1 月 3 日，中共中央、国务院发布《关于坚持农业农村优先发展做好“三农”工作的若干意见》并指出，要加强农村精神文明建设，加强宣传教育，引导农民听党话、感党恩、跟党走。同年 4 月 15 日，中共中央、国务院发布《关于建立健全城乡融合发展体制机制和政策体系的意见》，其中对建设乡村文化的制度保障做出具体安排。2021 年 2 月 21 日，21 世纪以来指导“三农”工作的第 18 个中央一号文件正式对外发布，标题是《中共中央、国务院关于全面推进乡村振兴加快农业农村现代化的意见》，意见中提出要全面推进乡村振兴，除了农业现代化产业体系的建设，还要通过乡村建设行动，让乡村面貌发生显著变化，充分激发乡村发展活力，乡村文明程度得到新提升。

三、凉山地区乡村文化振兴亟须发挥乡村旅游引导作用

2020 年是决胜全面建成小康社会的关键一年，在脱贫攻坚的大背景下，大部分研究关注点多集中于乡村旅游发展对当地经济的带动作用和不同途径助力乡村文化振兴的策略研究，以及结合乡村振兴战略背景和乡村文化面临的现状对乡村文化振兴的路径进行理论分析，而很少关注乡村旅游对贫困地区文化的振兴作用。在研究方法方面，多以定性研究为主，定量研究较少。

凉山作为四川连片扶贫重点地区，具有发展乡村旅游的优势，但受自然

地理环境限制，教育发展不足[①]，文化建设乏力。在此背景之下，探寻凉山地区乡村旅游引导乡村文化振兴的发展路径，对于促进乡村文化先行、带动文旅产业融合发展、提升经济文化发展水平、使大小凉山地区真正走出发展困境具有重大意义。

第二节　大小凉山地区现状分析

一、基本概况

如今，凉山既是一个地理概念，也是一个行政区划的概念。而以前，“凉山”只是一个地理概念，当时的凉山分为“大凉山”和“小凉山”，此次调查对象“大小凉山”即采用地理概念，以小凉山内的雷波、屏山、马边、峨边四个县以及大凉山内的昭觉、布拖、越西、普格、喜德、德昌、宁南、会理、会东九个县为主要对象。

从地理位置来看，纳入调查范围的大凉山九个县地处全国最大的彝族聚居区——凉山彝族自治州辖区，整个凉山州是四川省少数民族类别最多、少数民族人口最多的地区。与此相对的小凉山地处四川省西南部凉山彝族自治州境外以东。

从资源状况来看，大凉山地区位于凉山州境内，各类资源丰富，如可开发的水能资源、矿山资源、农业资源、民族文化资源（彝族歌舞、泸沽湖摩梭文化、非遗文化传承等）、旅游资源等，极具开发价值。小凉山地区从各县域实际调查情况来看，也蕴含丰富的森林资源、矿产资源、土地资源等，如雷波县境内实有耕地 16262 公顷，自然保护区面积 3.8 万公顷，已探明矿种 13 种，资源藏量较大，此外还具有丰富的植物资源、动物资源、能源资

① 苏华．教育扶贫要动员社会力量［N］．团结报，2016-1-5（06）．

源等。

从经济发展状况来看，凉山彝族地区由于受到区域、历史及经济发展的制约，贫困现象严重，贫困面广，贫困人口多，贫困程度深。但根据各地区公示的统计数据来看，从 2016 年开始，无论是大凉山还是小凉山，总体上呈现出国民经济平稳增长，第一、第二、第三产业协同发展，结构转型升级持续推进，经济形势向好的趋势。从凉山州 2019 年国民经济和社会发展统计公报的数据来看，全州生产总值 1676.3 亿元，同比净增 119.82 亿元，七年来净增量首次突破百亿，其中，第一产业增长 3.3%；第二产业增长 2.1%；第三产业增长 9.7%。与此同时，尽管经济总量较好，但地区发展不平衡的现状仍旧存在，一些县域受自然地理、交通、环境、技术、政策等因素影响，地区发展受限，经济状况存在较大差异。

从社会文化来看，社会保障与福利方面总体形势向好，城乡医疗保险全覆盖，社会福利单位等民生项目持续推进。劳动就业方面，失业人口率呈现短期内波动，总体上呈下降的趋势；文化方面，凉山彝族地区具有悠久独特的民族文化，区域内民俗、建筑等文化特征突出；教育方面，随着国家政策上的各种支持以及各级政府与广大群众的不懈努力，在经济、文化和教育等方面都取得了巨大的进步，但作为偏远的民族地区，受到了历史发展、区域环境以及传统教育理念等因素限制，凉山彝族地区的教育现状存在明显不足。

从整体状况来看，地区经济发展形势向好，但发展不平衡问题仍旧显著。文化上独具特色，地区文化符号突出，但文化的传承、保护与发扬有待进一步推进；教育普及水平上升，但总体上仍有待提高；医疗保险、社会保险等逐渐完善。总体上地区发展取得了较大成果，但仍存在一些亟待解决的问题。

二、大小凉山乡村旅游与乡村文化发展现状

（一）乡村旅游现状

大小凉山地区乡村旅游种类繁多，拥有独具特色的民俗民风。其中包含：邛海—螺髻山、泸沽湖等国家级风景名胜区；彝海、马湖、龙肘山—仙人湖等省级风景名胜区；美姑大风顶国家级自然保护区和冕宁冶勒省级自然保护区等；现代高科技景观西昌卫星发射中心；全国唯一展示彝族历史文化的凉山彝族奴隶社会博物馆以及众多的省级历史文化名城和宗教圣地、历史遗迹；等等。

小凉山地区具有发展绿色产品、有机畜产品的天然条件，畜牧业收入占农民增收的大部分。地区自然条件优厚，空气质量极佳，负氧离子浓度高，适合发展特色旅游，利用旅游经济体系促进地区的对外开放，提高社会就业率。结合当地民族特色文化，适合发展以彝族美食、文化活动、休闲度假、特色购物等为重点的旅游项目，以形成特色生态旅游区，带动当地经济发展。

凉山的人文资源类型繁多，就文化底蕴和导向性而论，其精华可概括为“两大风情”（彝族风情和摩梭风情），是名副其实的旅游资源大州。浓郁的民族风情、高科技的航天文化，是凉山发展旅游产业的现实基础和优越条件，也是凉山在省内乃至在中国西部最具比较优势的旅游资源。

（二）乡村文化现状

凉山彝族地区具有悠久独特的民族文化，区域内民俗、建筑等文化特征突出。非物质文化遗产和凉山彝族建筑、歌舞、服饰、饮食、藏乡风情的相互交融，让凉山旅游熠熠生辉。

在乡村振兴战略的大背景下，州政府高度重视农村精神文明建设，以培育和践行社会主义核心价值观为引领，加强农村思想道德建设，丰富农村文

化生活。随着国家政策上的各种支持以及各级政府与广大群众的不懈努力，其在经济、文化和教育等方面都取得了巨大的进步，但受到了历史发展、区域环境以及传统教育理念等因素限制，凉山彝族地区的教育现状也明显存在不足。州政府以及大小凉山各个县政府从深化精神文明建设、发展文化事业、壮大乡村文化产业、加强乡村文化工作队伍建设等方面开展工作。

（三）大小凉山乡村旅游引导乡村文化发展的现状分析

在大小凉山乡村文化振兴的过程中，乡村旅游的发展对乡村文化振兴起着一定的作用，通过举办旅游文化节、修建星级景区等方式，对大小凉山地区优秀传统文化的传播、居民精神生活的丰富等起到了一定的作用。例如：峨边县根据当地资源划分不同的区域，打造了多个文化产业园；盐源县通过凉山州旅游景区辅导专题培训来提升居民的文化素养；冕宁县打造红色旅游项目，夯实群众致富基础。

但是通过对大小凉山各个县域的调研发现，由于受地理位置限制、居民文化素质不够高等因素的影响，乡村旅游发展对乡村文化振兴还存有较大的改进空间。

第三节　乡村旅游与乡村文化振兴耦合协调度研究

乡村旅游是实现乡村文化振兴的重要途径和有力抓手，而乡村文化振兴也为乡村旅游发展提供了支撑和机遇。提高乡村旅游与乡村文化振兴的耦合协调程度，是新时代背景下实现我国乡村地区高质量发展的战略要求。课题组通过研究构建乡村旅游发展评价指标体系和乡村文化振兴评价指标体系，利用县域数据对大小凉山地区县域乡村旅游发展水平和乡村文化振兴程度进行了测算，并运用耦合协调模型对两者之间的相互关系进行了评价。

一、维度确立与指标构建

课题组结合旅游系统的构成以及乡村旅游发展水平的重要性，将乡村旅游划分为旅游目的地资源、旅游客源规模、旅游发展水平以及旅游产业支撑4个维度，同时，结合大小凉山地区实际情况，遴选出A级景区数等13个三级指标；基于国家对建设乡风文明的总要求，并结合乡村文化对乡村旅游的影响，将乡村文化振兴划分为传统文化与教育事业、文体基础设施、广宣覆盖以及乡风文明4个维度，遴选出中、小学入学率等反映乡村文化振兴的14个三级指标，如表7.1所示。

表7.1　文化振兴——乡村旅游系统评价指标体系

一级指标	二级指标	三级指标	计量单位	指标属性
乡村旅游	旅游目的地资源	辖区面积	平方千米	正
		A级景区数	个	正
		省级示范休闲农庄	个	正
		省级旅游扶贫重点村	个	正
		星级农家乐	个	正
	旅游客源规模	旅游人次	万人次	正
		旅游收入	万元	正
	旅游发展水平	旅游经济密度	%	正
		旅游空间密度	万人次 / 平方千米	正
		旅游人口密度	%	正
	旅游产业支撑	第三产业增加值	万元	正
		社会消费品零售总额	万元	正
		住宿和餐饮业销售总额	万元	正

续表

一级指标	二级指标	三级指标	计量单位	指标属性
乡村文化振兴	教育事业	幼儿园数量	个	正
		小学数量	个	正
		中学数量	个	正
		小学入学率	%	正
		中学入学率	%	正
	文体基础设施	图书馆数量	个	正
		体育馆数量	个	正
		文化馆数量	个	正
		乡镇文化站数量	个	正
	广宣覆盖	电视台数	个	正
		广播综合人口覆盖率	%	正
		电视覆盖率	%	正
	传统文化与乡风文明	非物质文化遗产	项	正
		省级文明村镇	个	正

二、实证分析

选取表征乡村文化振兴与乡村旅游特征的共计 27 个指标的时间及大小凉山 7 个县区系列数据，时间跨度为 2013 年至 2018 年，县域包括雷波县、越西县、金阳县、美姑县、峨边县、马边县、金口河区。数据来源于《四川省统计年鉴》、各县《国民经济和社会发展统计公报》以及相关统计网站。对于缺失数据，采用例比法或样条函数插值的方法弥补。为了消除指标的数量级差异和量纲的影响，使各指标间具有可比性和可测性，对各项评价指标的原始数据进行标准化处理。本文采用 Min-max 标准化方法，其计算公式为：

$$X_i=\frac{x_i-x_{\min}}{x_{\max}-x_{\min}}\text{；}\quad Y_i=\frac{y_i-y_{\min}}{y_{\max}-y_{\min}}$$

计算公式中：x_i，y_i为原始指标值；X_i，Y_i为变换后的指标值；$x_{\min}$，$y_{\min}$为历年最小值；$x_{\max}$，$y_{\max}$为历年最大值。

采用熵权法计算出各指标权重，利用乡村旅游和乡村文化振兴体系综合评价函数 $F(x)=\sum_{i=1}^{13}a_i\cdot X_i$，$G(x)=\sum_{i=1}^{14}b_i\cdot Y_i$，得出各指标评价得分，根据公式 $C=\left\{\frac{f(x)\cdot g(x)}{\left[\frac{f(x)+g(x)}{2}\right]^2}\right\}^{K}$ 得出各县域的协调度，以此来评估乡村旅游—乡村文化振兴的相互作用的强弱。由于协调度难以对系统整体的协同效应进行评估，本文采用离差最小化原理进一步计算出乡村旅游—乡村文化振兴的协调发展程度，公式为：$D=\sqrt{C\cdot T}$，$T=\alpha\cdot F(x)+\beta\cdot G(y)$。

计算公式中：C 为协调度；K 为调节系数，K ≥ 2。D 为协调发展度；α、β 为待定系数。对于两系统，通常取 $\alpha=0.5$，$\beta=0.5$。

最终，通过计算得出各县区各年份的协调度和协调发展度情况，如表 7.2 所示。

表 7.2　各县区各年份协调度和协调发展度变化情况

县区＼年份	C 协调度						D 协调发展度					
	2013	2014	2015	2016	2017	2018	2013	2014	2015	2016	2017	2018
雷波县	0	0.9977	0.9923	0.9998	0.9506	0.8203	0	0.3494	0.3659	0.3802	0.4058	0.4874
美姑县	0	0.9634	0.9494	0.9733	0.9966	0.9994	0	0.9634	0.9494	0.9733	0.9966	0.9994
金阳县	0	0.9952	0.9945	0.9942	0.9999	1	0	0.2336	0.2457	0.2591	0.2676	0.269
越西县	0	0.9986	0.9978	0.9974	0.9916	0.9951	0	0.3494	0.3598	0.3724	0.3908	0.4143
峨边县	0	0.988	0.9885	0.9953	0.8691	0.9969	0	0.3294	0.3558	0.3797	0.4224	0.5182

续表

	C 协调度						D 协调发展度					
县区＼年份	2013	2014	2015	2016	2017	2018	2013	2014	2015	2016	2017	2018
马边县	0	0.9743	0.9852	0.9683	0.9602	0.9985	0	0.3045	0.3381	0.3737	0.4263	0.4711
金口河区	0	0.9997	0.9971	0.9978	0.9208	0.9978	0	0.3393	0.3433	0.3558	0.3886	0.4509

从总体来看，2013—2018 年的这几个县区的总体协调度极高，这说明从 2013—2018 年大小凉山区域大部分县区的乡村旅游和文化振兴系统的总体发展非常协调。协调度能够体现出系统中乡村旅游和乡村文化振兴相互作用的强弱，而协调发展度能反映子体系间的相互作用的演进过程，是体现乡村旅游体系引导乡村文化振兴体系增长的重要指标。从各个县区 2013—2018 年的平均发展情况来看，绝大部分县区的系统协调度均大于 0.9，说明在此期间大部分县区的乡村旅游和乡村文化振兴具有紧密的发展关系。

第四节　乡村旅游促进乡村文化振兴的机制检验

项目组结合大小凉山地区文化建设乏力、文化发展引导乡村全面振兴动力不足的现实情况，提出乡村旅游对乡村物质文化振兴、制度文化振兴、精神文化振兴 3 个层面的影响效应假设，并通过结构方程模型对调研数据进行实证分析，证实了原有假设。

一、模型构建

本研究设计了量表来测度居民对乡村文化振兴的感知水平，并基于文献综述构建了乡村旅游引导乡村文化振兴的理论模型，探索乡村旅游与乡村文化振兴在物质、制度、精神 3 个维度的关系，利用实证研究数据对模型进行拟合，验证研究假设。本研究一共提出以下 3 个假设来支撑理论模型。

假设 1：乡村旅游对乡村物质文化振兴有正向影响关系。

假设 2：乡村旅游对乡村制度文化振兴有正向影响关系。

假设 3：乡村旅游对乡村精神文化振兴有正向影响关系。

二、研究设计

文化是一个较为复杂的概念，但一般意义上，可以将文化分为物质文化、制度文化和精神文化 3 个层次。而乡村旅游的发展对乡村文化振兴的影响是多方面的，既涉及乡村物质文化，也涉及乡村制度文化以及乡村精神文化。为此，问卷围绕乡村旅游开发、乡村物质文化振兴、乡村制度文化振兴、乡村精神文化振兴等，设计了两大部分 18 个问项。第一部分为潜变量测量问项，由 13 个题项构成，全部采用李克特量表五点量表法，受访者依据对题项表述内容的赞同程度由高到低分别赋值。第二部分为受访者的人口统计特征，主要涉及性别、年龄、职业、收入以及文化程度 5 个变量。

由于受新冠肺炎疫情影响，课题组未能前往大小凉山地区展开实地调研。因此于 2020 年 11 月 18 日至 21 日委托凉山州文化旅游局工作人员发布了线上平台问卷，共计收到有效问卷 223 份。

三、研究发现

基于正式调研获取的样本，利用 SPSS17.0 软件对回收数据进行信度分析，量表总体 Cronbach alpha 系数和 4 个分量表的 Cronbach alpha 系数均在 0.8 以上，表明问卷信度较好。用 SPSS17.0 软件对回收数据进行 KMO 检验，量表总体 KMO 值为 0.980，乡村旅游发展的 KMO 值为 0.744，乡村物质文化振兴的 KMO 值为 0.851，乡村制度文化振兴的 KMO 值为 0.743，乡村精神文化振兴的 KMO 值为 0.751，各项 KMO 值均在 0.7 以上，表明量表效度较好。

利用 AMOS21.0 软件对问卷数据进行验证性因子分析（CFA），由于有效样本问卷大于 200 份、不足 500 份，故而采用广义最小二乘估计法（GLS）进行估算。经估算，测量模型的相关拟合指数总体较好。

模型验证的结果显示 H1、H2、H3 三条结构路径均在 0.001 水平上显著，且正相关性与假设相符，表明原假设均得到验证。即乡村旅游对乡村物质文化振兴有正向影响关系；乡村旅游对乡村制度文化振兴有正向影响关系；乡村旅游对乡村精神文化振兴有正向影响关系，如表 7.3 所示。

表 7.3　假设检验结果

假设	假设内容	S.E	C.R	P	结果
H1	乡村旅游对乡村物质文化振兴有正向影响关系	0.064	16.158	***	成立
H2	乡村旅游对乡村制度文化振兴有正向影响关系	0.066	15.085	***	成立
H3	乡村旅游对乡村精神文化振兴有正向影响关系	0.061	17.699	***	成立

注：*** 是说明在 0.001 水平上显著。

研究发现，乡村旅游能够直接带动对乡村物质文化、精神文化的保护，保护乡村珍贵的风土人情和特色乡土文化，并间接完善乡村文化振兴的相关机制，使得乡村旅游发展的同时带动乡村文化振兴。而乡村旅游能够从乡村基础建设、特色民俗活动上引导文化追求；从乡村乡规民约、道德准则上丰富其特色的规章制度；从乡村精神塑造、优良思想树立、道德修养熏陶上陶冶乡村精神。乡村旅游高速发展，不是对乡村文化振兴产生阻力，破坏其原本的文化氛围，而是在结构关系上有着正向影响。在物质文化建设上，提供更高的文化性选择，而不是乡村城市化模式；在制度文化建设上，形成独有的非物质文化；在精神文化建设上，实现新农村文化建设，满足发展的需要。

四、问题诊断

基于大小凉山地区乡村旅游与乡村文化振兴具有耦合关系的理论基础，以及以问卷的形式探究乡村旅游对当地物质文化、制度文化、精神文化的影响结果，对问卷结果、访谈记录进行整理分析，结合网上已有资料，总结出以下问题：

（一）乡村旅游发展方面

1. 民族文化资源开发经费投入少，资源流失严重

第一，缺乏开发文化资源的经济支持。凉山与甘孜、阿坝州同为四川省贫困地区，是重点扶贫对象，总体来说经济条件比较落后，有些偏远的彝族群众聚集的山区，人们甚至还在温饱线上徘徊。因此，虽然近几年凉山经济发展有了长足的进步，但投入到民族文化开发上的经费少之又少。

第二，当地关于民族文化的意识观念落后。首先是当地人们没有认识到彝族文化这一产业的潜力，直接导致人们对彝族文化资源的开发保护程度不够，从而造成彝族文化资源的浪费和遗失。其次是政府的重视程度不够，彝族文化资源的开发保护机构不完善，甚至空缺。

2. 交通通达条件较差，旅游受限制

一方面，到凉山旅游的基本交通方式仍是火车。铁路安全但费时，缺乏舒适感；作为主要交通工具之一的火车没设旅游专列、档次较低，个别景点的线路面临着“夏季泥石流，冬季雪封山”的状况。“行路难，多歧路”“可进入性差”是凉山交通情况的真实写照。

另一方面，受地质条件的影响，很多公路只能盘山沿河而建，公路等级不高且修建成本高。凉山州山区山坡陡峭，土质除石灰岩外，大多为风化残积土，稳定性差，加上排水和防护工程设施不完善，抗灾能力弱，在暴雨过程中极易发生塌方和水土流失，尤其是在高填深挖路段更容易出现。

3. 旅游投入不足，景区开发程度低

大小凉山属于经济欠发达少数民族地区，经济发展水平不高，财政自给率低，对旅游业的投入不足。此外，优惠政策不配套，开放程度不高，缺乏良好的投资环境，难以吸引内外资对景区景点大规模的投入，景区开发程度低。

一些地方没有引进有实力、有品位的开发商前来开发凉山旅游资源，没有形成高起点规划、高规格开发、高水平服务，导致无序开发，一流的旅游资源却是二流的开发水平，使凉山部分旅游产品品位低、质量差，处于低水平、低层次、低效益、低质量的“四低”状况，对游客缺乏吸引力。

4. 接待设施相对落后，文化设施未充分保护和利用

首先，旅游基础设施相对落后，接待层次和接待能力低，娱乐设施没有特色。很多景区景点都在少数民族聚居地带，受经济、文化等因素的影响，相当一部分宾馆、饭店等配套陈旧，食宿接待不能适应和满足现代旅游者多层次的需求，接待规模和功能都还需要提高。此外，配套的水、电、通讯设施都相对滞后，难以提高接待水平和吸引更多的游客，制约了凉山州旅游业的快速发展。旅游从业人员仅有万余人，旅行社不足百家，合法导游仅有几百人，精通其他语种的导游仍占少数。

其次，乡村文化设施未充分利用和保护，居民文化活动不足，乡村特色文化与旅游未完全开发。国家虽投入资金在乡镇上建设各种农家书屋和乡村文化站，但由于居民觉悟不高，学习意识不强，使得这些设施仅是摆设，未被利用起来，居民的活动仍停留在打牌和看电视上，且乡村文化活动开展较少，没有和当地旅游发展充分融合。

5. 当地旅游景点缺乏广泛宣传

大小凉山地区拥有较好的乡村旅游资源，通过对当地居民的深入访谈了解到，即使是越西县特色 4A 级旅游景区也缺乏广泛宣传，对游客的吸引力较低。而且宣传模式单一，信息宣传平台相关基础配套不足，建设滞后，导致客源较少，对当地乡村旅游的发展极为不利。大小凉山地区举办很多丰富且具有民族特色的文化节，但参与者多为当地居民，缺乏对外的宣传。

6. 当地旅游相关管理人才的匮乏

由于乡村地区特点的影响，留在乡村的老年人居多，年轻人大多外出打工，留在乡村参与乡村建设以及投身旅游工作的人才很少，不利于当地旅游业开发规划管理，并且旅游人才也比较缺乏，很多相关的工作人员缺乏良好的服务意识，在旅游管理及规划方面缺乏相关的专业知识，导致旅游管理及规划不合理，影响旅游业的发展。

7. 乡村旅游行业缺少规范的行业标准

由于国家对该地区乡村旅游振兴的重视，无论是景区的设施建设还是配套服务及设施的完善等，近几年来都有了较为明显的改善与发展。但是在当地的乡村旅游行业中仍缺乏相关的规范制约。

8. 乡村旅游发展模式比较单一

由于大小凉山地区乡村旅游发展模式比较单一，未能与其他产业实现融合，对于游客的吸引力度也会降低，不能使乡村旅游发展达到令人满意的效果。

（二）乡村文化发展方面

1. 不同地区文体基础设施建设数量不足，管理质量不高

课题组通过深入调查与访谈了解到，大小凉山地区 13 个县域在图书馆、体育馆、文化馆、乡镇文化站等文体基础设施建设情况上存在着一些差异。以喜德县为例，通过与当地居民的访谈可以了解到，当地图书馆、农家书屋等文化基础设施较为缺乏，与之相对的越西县在设施建设上愈加完善。

2. 教育事业发展不足，居民总体文化水平与素质有待提高

近年来，随着国家政策的各种支持以及各级政府与广大群众的不懈努力，凉山彝族地区在教育方面取得了巨大的进步，但作为较为偏远的民族地区，受到历史发展、区域环境以及传统教育理念等因素的限制，如今的发展现状存在较为明显的不足。从调查县域的情况来看，居民的总体文化水平还处于中等偏下的程度，个别县域在学校数量上还较为缺乏，当地仍旧存在一些较为落后的思想观念，辍学、外出打工的现象还相对较多。

3. 地区文化资源缺乏合理开发与利用，发展动力不足

凉山彝族地区作为典型的民族地区，具有丰富且独特的民俗、建筑、服饰、饮食等民族文化资源，近年来地区经济与社会不断发展的趋势明显，但文化建设却稍显滞后与不足，呈现出文化资源丰富却缺乏合理开发与利用的问题，发展动力不足，对于地区民族文化、非遗文化等的传承与保护未充分重视，地区特色文化难以得到弘扬与发展。

4. 乡风文明建设有待提高，村民对公共事务的参与度不高

乡风文明建设是乡村振兴的重要内容与重要推动力量，对于乡村文化振兴来说也发挥着重要作用。调查地区的一些县域在进行乡风建设时往往是政府进行一些具有民风民俗和文化引导的基础性工作，村民的积极性没有很好地调动起来，主体责任没有得到体现。在对喜德县、越西县、冕宁县等县域的深入访谈中可以发现，大部分地区都缺乏村规民约、家风凝聚等乡村制度文化建设，这也是导致一些落后观念、陈规陋习仍旧存在的原因。

5. 人才流失严重，缺乏有效的人才引进制度

凉山彝族地区作为较为偏远的民族地区，仍旧存在教育发展落后、经济发展缓慢等问题，人均文化水平较低，人才总量也相对较低，加上较为艰苦的自然环境条件与生活条件，许多大学生更愿意“走出去”而不是“返回来”，从而导致了严重的人才匮乏与流失问题。

6. 当地居民对本土特色文化了解浅显，传承深度不够

大小凉山彝区有着丰富的本土特色文化，独具特色的彝区生活氛围和深入的民族文化体验是吸引游客前来旅游的一个重要因素。但根据调研发现，当地居民普遍对传统民族文化了解较为浅显，很少能为游客提供深入的文化讲解和深度体验，对游客的吸引力不够强。在文化旅游资源非常丰富的条件下，如何能够深入挖掘文化内涵，让当地居民真正了解自身文化、拥有文化自信并有效地传承下去是一个亟待解决的问题。

7. 当地居民精神文明生活不够丰富，缺少系统的建设制度

习近平总书记在马庄村考察时指出：农村精神文明建设很重要，物质变精神、精神变物质是辩证法的观点，实施乡村振兴战略要物质文明和精神文明一起抓，特别要注重提升农民精神风貌。根据项目组成员的调研，大小凉山彝区当地居民的精神文明生活有逐渐充实的趋势，平时会开展一些文化活动，但是形式大多还停留在表面，缺少系统的制度建设。

第五节　乡村旅游引导乡村文化振兴的路径研究

课题组以实证研究与调查分析为基础，针对大小凉山地区乡村旅游与乡村文化的当前发展问题，提出了从物质到制度最后到精神的引导发展路径。首先，通过基础设施的完善、产业的融合打造等奠定物质基础；其次，通过村规民约等乡村制度体系的建立提供制度保障；最后，通过精神文明建设、文教事业推动等实现精神凝聚、思想提升，从而实现物质、制度等乡村文化的全面振兴。

一、加强旅游配套设施建设

凉山地区应坚持把加强旅游服务设施建设与改善贫困地区发展条件结合起来，以“四在农家、美丽乡村”行动计划升级版为“抓手”，综合打造好每一个景点和乡村的山、水、林、田、路、房、寨，突出展现自然风光、民族风情、特色风物，不断提升美丽乡村的景观品质和乡村旅游价值，在提高旅游服务水平的同时普惠群众发展。

特别在发展的主要障碍之一——交通建设方面，应积极实施“旅游突破、交通先行”战略，努力加强旅游交通建设，围绕重点旅游区和旅游精品线路建设，打造交通路、景观路、生态路、文化路，改革公路养护制度，保证路面安全。一是公路部门应对进出凉山的通道逐个研究，围绕重点旅游区和旅游精品线路制定科学、合理的运行方案，抓机遇、抢项目，打造交通路、景观路、生态路、文化路，力求“四路”合一，构筑机场、铁路、高速公路及城市道路有机结合的多层次交通体系，加快畅通工程建设，解决游客可进入性问题。二是改革养护生产运行机制，通过剥离现有公路管理机构的行政管理职能和养护生产职能，实现“管养分离、事企分离”，推行农村公路养护市场化，提高养护效率。将现有机构中直接从事养护工作的人员和资产重组为独立经营、自负盈亏的企业，通过招投标与政府签订公路养护合同，使公路周期性得到有效养护。

二、加强文体基础设施建设

相关部门可统筹规划、投入资金，在基层综合性文化服务中心建设、贫困地区公共文化服务体系建设、乡村旅游精准扶贫等方面，明确文旅设施在设计、施工、建设、资金等方面与全域旅游项目有效整合，抓好乡村文化设施与旅游景点的融合建设，把公共文化设施打造成乡村旅游的新载体，落实乡村旅游与地区乡村文化传承的实体地点。

三、深入挖掘地区文化内涵

对于资源丰富的凉山彝族地区而言，对资源的开发与利用需要结合地区文化特色，深入挖掘文化内涵，加大文旅资源开发力度，深化产业融合。一方面通过丰富多彩、特色各异的群众性文化活动，加强对地区文化的传承与保护；另一方面与旅游相结合，打造“文化旅游节”等节庆赛事，通过旅游的带动性、传播性与广泛性，促进地区“文化符号”的传播，在产业融合发展中焕发新活力，推动地区文化符号的形成，做到在保护中开发、传承中弘扬。

在地区资源开发中，以建设彝族文化名州为目标，以市场为导向，坚持以旅游活文化，以文化强旅游。在产业发展上，应立足大小凉山资源优势和游客多元化消费需求，在巩固、发展和提升传统观光旅游品牌的同时，积极发展商务会议、节庆赛事、乡村旅游、生态旅游等品质上乘、特色鲜明的文旅特色产品，形成旅游观光、休闲度假等“百花齐放”的格局，促进产品高级化，加快旅游产品结构调整，增强产业综合竞争力。

四、加强乡村治理制度建设

乡村制度文化为乡村治理现代化提供制度保障，村规民约是乡村制度体系的重要环节，是村民共同意志的体现。围绕地区民俗、建筑等特色民族文化制定村规民约，有利于对地区传统文化与特色文化的保护与传承，增强村民的主体责任感，推动地区的对外开放进程，为落实村规民约提供制度保障。

五、建立有效的人才引进制度

加强文化与旅游的人才队伍培养，以人才建设推动文旅融合发展，推进如非遗等地区特色文化保护传承工程建设，加强传承人才培养，为文化振兴提供智力支持。一方面大力推进乡村旅游的发展，推动地区经济发展与活力提高，加强对人才的吸引力，完善人才引进制度；另一方面加强人才队伍培养，乡村旅游相关管理部门除了引进专业人才之外，还可强化村镇人员培训，邀请相关专家为从业人员讲授经营管理、服务礼仪方面的知识，提高服务水平。

六、加强乡村精神文明建设

乡村精神文明建设，是实现乡村文化振兴的必经之路，乡村精神文化为乡村治理现代化提供智力支持。同时，充分利用当地现有的文化资源与文化阵地，定期举行宣传下乡、农民夜校等活动，通过艺术表演、民俗节庆等形式开展群众性文化活动，弘扬乡风文明，调动人民群众对文化创造的热情，丰富人民的精神文明生活，并以此作为乡村旅游的吸引点，促进文旅融合发展。

七、开创“乡村旅游 +”新模式

助推地区文教事业发展。一方面，积极推进地区乡村旅游的发展壮大，带动地区经济整体发展，提高当地居民的经济收入，为地区教育事业奠定坚实的物质基础。另一方面，创新“乡村旅游 +”新模式，开展“乡村旅游 + 爱心助学”等主题活动，同时，利用互联网增加多种宣传模式，加强平台搭建。借助短视频、直播等形式，在促进乡村旅游发展的同时，吸引各界爱心人士与团队，帮助那些因经济条件不足而可能被迫辍学的学子们完成学业，带动地区整体文化水平的提升与发展。

第八章

凉山州旅游减贫引导乡村文化振兴文本分析

为了进一步深入分析凉山州旅游减贫引导乡村文化振兴的现状，课题组从居民感知的视角展开相关定性分析。当地村民既是地方文化的缔造者，也是乡村振兴的参与主体和获益主体。因此，从居民感知的视角出发，能够更为直观有效地深入了解凉山州旅游减贫引导乡村文化振兴的现状。本章主要应用内容分析法，对凉山州村民访谈的原始材料进行分析，进而从居民视角获得有关旅游减贫引导文化振兴的基本现状。

第一节　研究设计与数据采集

一、研究设计

基于统计年鉴的定量分析有助于从宏观角度对凉山州的旅游减贫进行综合评价，基于问卷调查的定量分析有助于从微观角度对凉山州调查村落旅游减贫进行客观分析。虽然以上量化分析均注重研究对象或调查样本的广度，但是缺乏深度，因此有必要从性质的角度对其展开分析。

课题组以旅游减贫引导乡村文化振兴为主题，深入凉山州村民中展开深度访谈，对于访谈材料采用内容分析法展开分析。内容分析法产生于 20 世纪初，在 20 世纪 70 年代受到西方学术研究的重视，并在传播学、管理学、社会学等多个学科领域得到广泛应用[①]。近年来，随着内容分析法在国内学

① 邱均平，邹菲. 关于内容分析法的研究［J］. 中国图书馆学报，2004（2）.

术研究中的应用，取得了较多的研究成果，尤其是在旅游体验、旅游目的地形象、相关旅游基本概念内涵研究中取得了良好的研究成效。

具体研究步骤如下：首先，课题组用设计好的半结构访谈提纲对凉山州居民进行深度访谈，获得一手的访谈材料；其次，对访谈材料进行编码和预处理，便于后续的内容分析；最后，应用 Rost Content Mining 软件，对预处理后的访谈材料进行词频分析、情感分析、语义网络分析等。

分析工具的选择主要为 Rost Content Mining 6.0 版内容分析软件。该软件由武汉大学 ROST 虚拟学习团队所研发，功能多样，操作简便，能够对各类文本材料展开内容分析，包括词频分析、聚类分析、情感倾向分析、共线分析、语义网络分析等。

二、数据采集

本研究采用半结构化访谈方式收集相关样本资料。基于已有的相关文献和实证研究，课题组以“旅游减贫后，当地的公共服务设施有哪些改善？”“在旅游减贫中，对乡村传统建筑保护有哪些影响？”“传统手工技艺是否得到更好的传承？”等开放性话题为提纲，展开半结构式访谈。受访对象的选择主要采用“滚雪球”的方式进行，即根据课题组的社会关系网络，选择家乡和工作地均在凉山州的熟识对象为首批访谈对象，再请他们推荐符合条件的凉山州居民，对他们展开进一步的访谈。受语言和知识水平的限制，在受访对象的选择上，课题组主要选择中青年、完成义务教育的居民为访谈群体。

访谈调研于 2020 年 12 月至 2021 年 1 月开展。在具体访谈过程中，以方便受访者为原则，在自然情境下采用面对面的形式开展深度访谈。课题组以 3 人为小组展开深度访谈，访谈中以一名成员为主要发问者，另一名成员为主要记录者和辅助发问者，另外一人为彝族学生，主要对访谈过程中可能出现的语言或部分概念进行解释。每位访谈者的受访时间在 30 分钟至 60 分钟。访谈完毕后，及时对访谈材料进行初步整理，并对受访者进行编号，如首位受访者的编号为 L01-M，L 为凉山州的编码，01 为访谈序号，M 指受访者的性别为男，女性为 F。除去访谈前期的寒暄、问候等内容，共收集与主题相关的访谈文字材料 2.6 万字。

三、样本预处理

在访谈材料中，当地居民表达内容丰富，掺杂着一些与本研究主题无关的内容。因此，在进行正式文本分析时，首先对样本材料进行内容预处理。

一是将访谈材料中与研究主题内容无关、内容指向不明确的文本数据进行剔除。

二是对访谈材料中涉及的地名、人名等进行统一。将所有文本中的表示同一地点、同一含义的词语进行标准化处理，如“回来”“回老家”统一为“回乡”，“汉语”“汉话”“普通话”统一为“汉语”等。

三是修正访谈文本中的文字错误内容，如错别字、用词不完整或语言不通顺等语句。

经过预处理后，转存为文本文件，以供进一步的内容分析使用。

第二节 访谈材料文本分析

一、高频词分析

利用 ROST CM6 软件，对分词过滤词表与自定义词表排除部分无意义词汇后的文本数据进行词频分析。同时，借鉴赵渺希[①]和高峻[②]等学者的研究成果，本研究以词频进行标准化换算后的得分确定高频词。计算公式为：

---

① 赵渺希，刘欢．上海市中心城空间意象的媒介表征［J］．人文地理，2012,27（5）．

② 高峻，韩冬．基于内容分析法的城市历史街区意象研究——以上海衡山路—复兴路历史街区为例［J］．旅游科学，2014，28（6）．

N'a=（Na×100）/Nmax

其中，N'a 为词语 a 对应的词频标准化得分，Na 为词语 a 的词频数，Nmax 为访谈材料中的词频最大值。经过标准化运算后，将词频得分 N'a 大于 10 作为提取高频词的临界值，并将相应的词语纳入高频词的词库，以供进一步的高频词特征分析。

按照上述公式进行计算后，取得分值大于 10 的词语为高频词，共计获得 72 个高频词，其中词频数最高的为“发展”，在访谈材料中出现 44 次，高频词中词频数最低的在访谈材料中出现 5 次，如表 8.1 所示。

从词性上分析，主要包含了名词、动词和形容词三类。由表 8.1 高频词汇表可知，名词涵盖范围广泛；动词主要集中在当地政府以及居民对旅游业与文化振兴的认知与行为上；形容词主要集中于受访者对旅游减贫与文化振兴的整体感知上。

词频越高说明受访者对其认知的深刻度和关注度越高。高频词“发展”反映出受访者对凉山州的发展状况感知最为强烈，关注度最高。一定程度上说明，近年来凉山州地区发展成果显著、变化明显，居民感知程度深。排名第二的高频词“游客”以及“工作”等高频词说明，受访者对旅游业与乡村文化振兴的关系感知强烈。尤其是在旅游减贫中，旅游资源的开发对当地居民的生产生活产生重要影响，部分贫困村民不仅从旅游参与中实现了精准脱贫，甚至走上了致富奔小康的发展道路，村民对旅游减贫感知明显。

结合访谈内容分析，受访者整体上认同旅游减贫对当地文化振兴的积极作用。其中，“灵山寺”等词反映出受访者对当地旅游资源的认知；“酒店”“农家乐”“商场”“Wi-Fi”等词反映出受访者对旅游配套设施方面的关注，涵盖交通道路、住宿服务、餐饮美食、娱乐设施等各方面；“火把节”“羊毛节”等词展现了当地的特色旅游活动；“服饰”“特色”“风俗”“传统”“绣品”等词所表达的内容反映了当地的民族特色；“图书馆”“体育馆”“书店”等词集中反映文化设施；“演出”“活动”“比赛”等词集中反映文化活动；“村干部”“人才”等词集中反映文化人才；“初中”“大

表 8.1　高频词汇表

次序	词语	词频	得分	次序	词语	词频	得分
1	发展	44	100	37	扶贫	9	20.5
2	游客	35	79.5	38	支持	9	20.5
3	工作	35	79.5	39	节日	9	20.5
4	修建	26	59.1	40	体育馆	9	20.5
5	彝族	25	56.8	41	绣品	9	20.5
6	初中	25	56.8	42	书店	8	18.2
7	政府	23	52.3	43	酒店	8	18.2
8	宣传	23	52.3	44	民宿	8	18.2
9	服饰	20	45.5	45	做生意	8	18.2
10	学习	20	45.5	46	传统	8	18.2
11	小学	19	43.2	47	政策	7	15.9
12	特色	19	43.2	48	火车	7	15.9
13	大学	18	40.9	49	火把节	7	15.9
14	规定	18	40.9	50	吸引	7	15.9
15	设施	17	38.6	51	旅游资源	7	15.9
16	汉语	17	38.6	52	回乡	7	15.9
17	家乡	16	36.4	53	餐饮	7	15.9
18	学校	15	34.1	54	出名	7	15.9
19	西昌	15	34.1	55	好玩	6	13.6
20	开发	15	34.1	56	灵山寺	6	13.6
21	活动	15	34.1	57	比赛	6	13.6
22	挺好	14	31.2	58	汉族	6	13.6
23	振兴	14	31.2	59	自驾	6	13.6
24	风电	14	31.2	60	演出	6	13.6
25	高中	13	29.5	61	基础设施	6	13.6
26	村民	12	27.3	62	人才	5	11.4
27	风俗	12	27.3	63	贷款	5	11.4
28	村干部	12	27.3	64	商场	5	11.4
29	乡村旅游	10	22.7	65	农家乐	5	11.4
30	交通	10	22.7	66	培训	5	11.4
31	民族	10	22.7	67	经营	5	11.4
32	房子	10	22.7	68	羊毛节	5	11.4
33	文化水平	10	22.7	69	Wi-Fi	5	11.4
34	摆摊	9	20.5	70	娱乐	5	11.4
35	旅游业	9	20.5	71	文昌	5	11.4
36	图书馆	9	20.5	72	商店	5	11.4

学”“小学”“学校”等词集中反映教育事业建设；“规定”“政策”“节日”等词集中反映制度文化。这些词的出现从另一侧面也充分表明，旅游开发后，当地村民的认知受到较大影响。

在传统的农业生产生活中，村民对于游客、农家乐、乡村旅游等概念完全是陌生的。但如今村民在访谈中会频繁提及这些与旅游相关的词语。同时，从村民的访谈和高频词中也能够明显发现，旅游资源开发后，村民感受到了旅游带来的更多的便利与积极影响，尤其是硬件设施的改善、旅游交通、旅游住宿、通信网络等都是伴随乡村旅游发展的背景，对当地居民生活带来的实质性改变。与此同时，乡村旅游开发后，居民对于当地的传统文化的认知也日益显著。在农业生产中，传统民族文化与日常生产生活融为一体，居民虽然每天践行当地文化但并不自知。而在旅游开发后，村民发现他们的日常生产生活也可以为当地带来经济效益。由此，村民日常生活中的“灵山寺”“彝海”“水观音”等均成了吸引游客观光游览的重要资源，传统的“火把节”“羊毛节”“庙会”也成了特色民族文化节庆。

基于提取的高频词，依据词汇所属的性质对其进行分类归纳，可将名词大致分为10个类目。通过归类细分统计，可以更加直观地展示统计分析结果，如表8.2所示。

表8.2　高频词汇分类统计

序号	类目	个数	频次	占比
1	旅游资源	3	26	2.99%
2	旅游配套设施	13	107	12.28%
3	特色旅游活动	2	12	1.38%
4	民族特色	6	78	8.96%
5	文化设施	4	28	3.21%
6	文化活动	6	61	7.01%
7	制度文化	3	34	3.90%

续表

序号	类目	个数	频次	占比
8	文化组织	2	27	3.10%
9	文化人才	3	34	3.90%
10	教育事业建设	5	90	10.33%

除此之外，高频词“工作”表明，旅游业的发展在一定程度上增加了当地的就业机会，越来越多的异地工作者、高学历人才选择返乡创业，加上政府给予很多的政策支持，例如创业补贴政策、贷款贴息政策等，促使其在当地有更加稳固的工作。这与“回乡”“家乡”等高频词所表达的含义基本吻合。

高频词“政府”表明，在旅游减贫和乡村文化振兴中，政府具有非常重要的角色和地位。结合访谈材料分析，政府是促进凉山州地区旅游发展的关键力量，不仅提供政策红利与资金支持，并且积极引导旅游开发，修建道路以改善凉山州交通状况，维修房屋、传统建筑以提升凉山州景观风貌，以及组织举办各类活动以丰富文化生活，弥补了凉山州贫困地区内在发展动力不足的问题。另外，“修建”“开发”“支持”“扶贫”“政策”“培训”等高频词也从侧面体现了政府的突出作用。

高频词“彝族”表明，在凉山州旅游减贫与乡村文化振兴中，受访者更多地关注自身的族群文化认同和自身的民族文化保护问题，结合访谈材料，其内容涵盖了民族风俗习惯、传统民族工艺、民族文艺表演、民族传统节庆等多方面。旅游业的发展在一定程度上增强了当地居民对民族文化的深刻认识、自豪感、传承意识和保护意识，激发了民族文化凝心聚力的功能。

高频词“村干部”“人才”等词表明，村干部、乡村旅游带头人、经营者等一系列乡村文化工作者是旅游减贫与乡村文化振兴中的坚实力量，旅游业的发展吸引异地工作者、大学毕业生、专业技术人才返乡创业，为乡村文化振兴夯实人才基础。

将受访者对凉山州旅游减贫与文化振兴感知到的高频词进行可视化处

理，以词云图的形式展示出来，可以非常直观、明了地展示出受访者对凉山州乡村旅游和乡村文化振兴的感知情况。在词云图中，词频越高的词语其字体会以较大的形式呈现出来，反之，词频越低的词语其字体会以较小的形式呈现出来。如图 8.1 所示，在高频特征词云图中突出显示了“发展”“游客”“工作”“修建”“宣传”“彝族”“政府”等高频词。

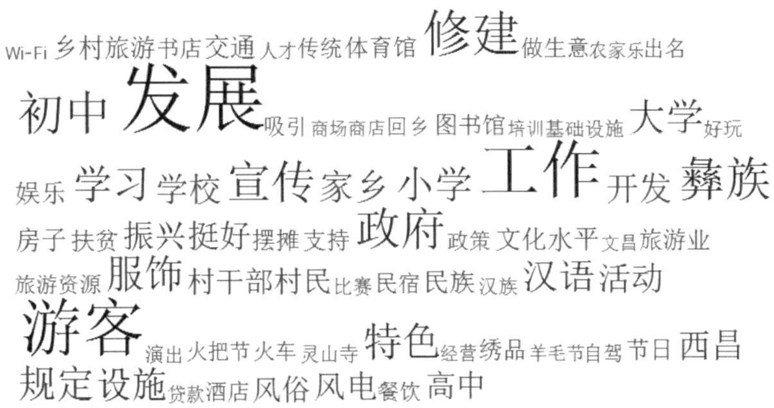

图 8.1　高频特征词云图

二、旅游减贫引导乡村文化振兴感知分析

高频词的分析有助于从词频的角度全面概览凉山州的居民感知，以下结合访谈材料，从乡村物质文化振兴、乡村制度文化振兴、乡村精神文化振兴三个方面，围绕凉山旅游减贫引导乡村文化振兴展开进一步分析。

（一）乡村物质文化振兴

旅游减贫是通过对贫困地区的旅游资源开发，促进贫困地区旅游经济发展，进而实现使贫困群众脱贫的过程。在旅游资源开发中，最为直接的资源开发即对贫困地区的物质文化旅游资源进行开发，最为常见的物质文化旅游资源包括当地传统建筑、特色饮食、民族文化服饰、文化遗址等。物质文化旅游资源的开发将进一步提高贫困地区对传统文化的保护和重视程度，同时在旅游开发过程中也会投入更多的资金用于各类物质文化的保护与修缮。

高频词“餐饮”“服饰”“灵山寺”等充分体现了乡村物质文化的振兴，结合访谈材料内容，涉及上述物质文化的高频词，同时多次提及旅游业的发展，说明旅游业与乡村物质文化振兴关系紧密。凉山州旅游业的发展带动了交通、商业服务、供水供电等基础设施的建设，促使乡村传统建筑得到维修和保护，推动了彝族服饰、漆器、彩绘等民族传统手工艺品的传承与发扬，进而推动了乡村物质文化振兴。

在访谈中，有村民提到旅游扶贫开发了当地散落的红色文化资源和彝族文化资源，促进了当地文物遗迹的保护与修复。旅游资源的开发实现了乡村散落文化资源的整合与再利用，或通过旅游景区的建设，或通过博物馆的形式，实现对物质文化资源的价值发掘。

有居民在访谈中提到了当地传统彝族餐饮文化、服饰文化在旅游开发中的应用与振兴。“比如说彝族餐馆，就是专门制作彝族美食的餐馆，会给游客分享我们这边的饮食文化，这是我们发展旅游后开始出现的专门服务游客的一种餐饮，让游客体验我们的餐饮文化。”“谈到服饰的话，会有服饰馆，游客可以去试穿我们彝族的各种传统服饰，也拍照留念，很多游客喜欢。”这进一步表明，在旅游减贫中凉山彝族的餐饮文化、服饰文化等物质形态文化均得到了较好的旅游开发与利用，部分地区甚至出现了专门服务于外来游客的民族文化主题餐馆和民族服饰体验馆。彝族文化由当地居民的日常生活方式演变为专项的旅游产品，传统民族文化正通过旅游这一现代形式打破民族地区的地域边界，实现真正意义上民族文化的振兴。

（二）乡村制度文化振兴

乡村制度文化是乡村地区在其发展过程中逐步形成的大家普遍认可并遵循的社会规则或礼仪规范。在旅游开发中应用最为常见的乡村制度文化是民俗和传统节日文化，以及相关的传统手工技艺文化遗产。这些乡村制度文化镶嵌于村民的传统农业生产生活中，但随着现代化与城镇化的冲击，众多乡村制度文化开始衰退。在旅游减贫中，乡村制度文化同为重要的旅游资源。通过旅游这一新型转化方式，焕发传统制度文化的生命和活力。

高频词“火把节”“羊毛节”“规定”等充分体现了旅游减贫引导乡村制度文化的振兴。凉山州作为我国最大的彝族聚集区，具有悠久历史与底蕴深厚的地域文化，为旅游业的发展提供了内在动力。在访谈中，多位受访者均提及了当地开展的各类传统民俗文化节庆活动。

“近几年中央提到文化自信，所以我们家乡这边就搞了很多节庆活动，我们之前都不太喜欢搞的，因为毕竟这个是很花钱的，但是现在政府都很支持，所以搞得比较隆重。”

“特别是春节的时候就会有一些活动演出之类的，每年都会吸引很多游客来观看，而且表演的都是当地特色文化项目，比如说各个镇上、村上的人们都会去红军广场参加的舞龙比赛。”

可以看到，在中央突出文化振兴的政策导向下，各级政府部门高度重视文化建设。在贫困乡村地区，文化活动近年来也日益增多，一方面满足现代游客的旅游猎奇心理需求，组织举办各类富有地方特色的文化节庆活动；另一方面在实现经济脱贫的同时，也更好地满足了人民群众的文化生活需求，提高了贫困地区人民的生活水平。尤其是以火把节为代表的民族节庆，不仅成为凉山地区民族旅游发展的标志性活动，也成为当地居民日常生活的重大节事，强化了当地居民的民族文化认同。

即使是在没有火把节传统的凉山部分乡村地区，在迎合旅游市场需求和满足当地村民内在文化生活的需求下，也开始举办具有自身地域特征的文化活动。

美姑县是不过火把节的，但是有一个羊毛节，其节庆的内容跟火把节类似。为什么叫羊毛节？因为每家每户本来都要把绵羊的毛剃了，拿来做衣服。有了羊毛节，剃羊毛那天大家就会全部聚在一起剃，比赛剪羊毛，场面很壮观。另外还有斗羊、斗牛、摔跤、篝火晚会。

文化是旅游的灵魂，旅游是文化的载体，旅游的发展必然需要深入挖掘优秀传统文化，一定程度上使这些极具民族特色的传统节日得到延续发展，乡村风俗习惯得以强化。

（三）乡村精神文化振兴

乡村精神文化是乡村地区居民普遍具有的心理结构和价值观念，包括艺术、文学、神话传说、宗教信仰等。在居民的日常生活中，这些精神文化更多地借助其他载体或形式存在。

高频词“彝族”“图书馆”“学习”“活动”“人才”等充分体现了乡村精神文化的振兴。一方面，伴随着乡村旅游的发展，对本土特色文化的挖掘与弘扬增加了居民对当地文化的深刻认识，增强了对自我生活区域的价值认同与自豪感，坚定了文化自信，提升了文化自觉。另一方面，旅游的发展带动文化设施的建设与完善，如图书馆、体育馆、文化馆等，加强了公共文化建设。此外，政府大力培育乡土文化人才、积极组织开展各类文化活动、充分发挥文化引领风尚作用，不断提升居民文化素养，改善居民精神面貌，提高了乡村社会文明程度。

以上可以看出，在凉山州不同地区的旅游减贫过程中，乡村旅游的发展极大促进了乡村的文化振兴。无论是乡村地区的物质形态文化还是精神形态文化，均得到不同程度的旅游开发利用。在访谈材料中可以发现，文化古迹、生活习俗、文化技艺、文化传说、歌舞艺术等在旅游开发中均转化为旅游产品。在吸引游客到访、满足游客旅游体验的同时，当地居民更加深刻地认识到不同民族之间的文化边界，从而珍视自身文化传统，促进民族文化的保护与振兴。

三、语义网络分析

高频词简言之就是出现频率高的词汇，提取高频词主要是用来归纳和反映被调查事物的主要领域，但不能反映词组在文本中的深层次结构关系和意义上的联系。而运用语义网络分析功能得出可视化网络图，可更加直观地展现其内在联系。因此，本研究利用 ROST CM 中的社会网络和语义网络分析功能，进一步对凉山州乡村文化振兴文本中的高频特征词进行语义网络关系分析，如图 8.2 所示。

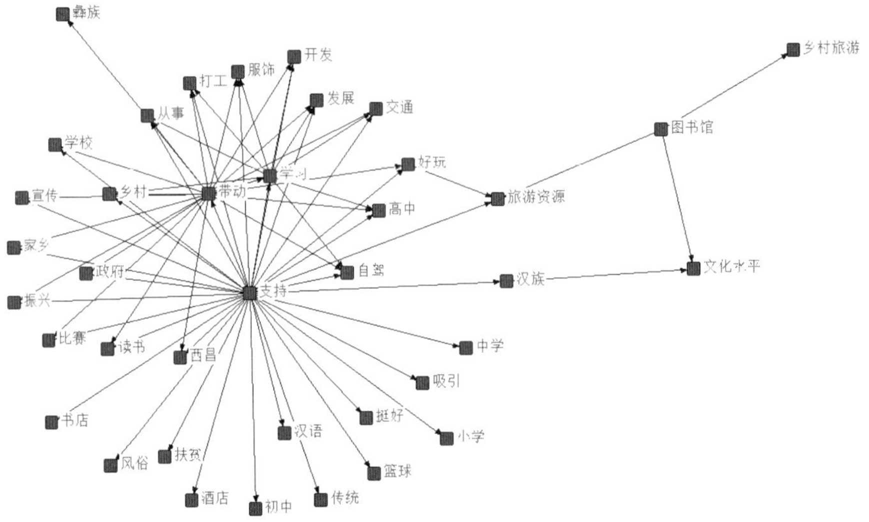

图 8.2　凉山州乡村文化振兴语义网络图

在受访者对旅游引导乡村文化振兴的语义网络图中，首先呈现放射状，从核心向四周辐射，其中“支持”位于网络图的正中间，整个图从该词向外扩散。

第一层的核心圈由“带动”“学习”“从事”“打工”“发展”构成了最内部的小圈，支持—带动、支持—从事、支持—学习、支持—打工、支持—发展是网络图中联系最为密切的关系链，这也是受访者对凉山州文化振兴最直接和深刻的感知，支持主要是指当地政府和人民的支持，通过支持可以引导自身及外来旅游者保护和传承当地文化，提升旅游和产业等效益，且依托政府各方面出台的政策支持，返乡创业人员逐渐增多，这些人员和当地居民在家乡从事以乡村旅游为主要收入的工作。除此以外，学习对于发展也是至关重要的，文化水平的提高意味着自身素质和对本民族文化保护的意识会提高，也有能力将各类资源、人才、技术、资本整合，共同促进本地的发展。

第二层的次核心圈由“自驾”“服饰”“高中”“开发”“政府”“交通”等词汇组成，进一步对核心圈层进行了拓展和完善，同时说明受访者对这些方面的关注度较高，乡村文化振兴需要各界的支持，政府在其中发挥巨大作用。在次核心圈中，政府作为行政主体，无论是减贫还是旅游资源开发抑或是乡村振兴，都离不开政府的政策支持和主导。而“自驾”“服饰”“开发”“交通”等高频词则与旅游开发具有较为密切的联系。在访谈中，不少受访者提到凉山部分乡村地区仍然存在着交通不便的问题，甚至很多地区尚未开通火车，虽然多地已经开启了乡村旅游的发展，但游客到访主要的交通方式是自驾。这也凸显了凉山州在实现了精准脱贫后，更好地促进乡村振兴、持续推动社会经济可持续发展所需要解决的交通问题。除此以外，“高中”一词所反映的是当地居民受教育水平的逐步提高。尤其是在精准脱贫工程中，国家对凉山贫困地区给予大量教育资源的支持，提高了贫困家庭子女义务教育完成率，不仅如此，不少凉山学子还接受了高中甚至大学教育。

第三层外围圈由“风俗”“酒店”“篮球”“图书馆”“汉语”“宣传”等各类要素组成，该圈层是对核心圈及次核心圈进一步的补充和丰富。如“小学”“初中”“中学”这些学校和呈现的文化教育是文化振兴中不可或缺的一部分，这些高频词的出现也突出强调了精准脱贫中凉山教育的显著改善，无论是硬件的教学设施设备还是教育师资都获得了质的提高。这也充分说明，教育扶贫在当地村民中获得较为深刻的认知。另外，“比赛”“宣传”“传统”“风俗”等高频词，则表现了旅游在引导乡村传统文化振兴中的突出作用。

综上，凉山州被访者的文本语义网络通过“核心圈—次核心圈—外围圈”三级语义网络圈层构成，较完整地将整个文化振兴的体系展现和反映了出来，为乡村旅游引导文化振兴的路径研究以及该地的文化资源整合提供了参考。

四、情感分析

受访者在表述过程中所涉及的情感也可以反映出他们对于本地乡村旅游、文化振兴的态度，通过情感分析可以更好地反映受访者在描述时体现的主观感情色彩，其作为受访者整体感知的重要组成部分，是需要加以分析和探讨的。基于此，本节在词频统计的基础上继续运用 ROST CM 中的情感分析功能对受访者进行情感分析。情感分析主要涉及积极情感、中性情感和消极情感，通过对高频词进行情感归类，统计不同情感类型的占比，如表 8.3 所示。

表 8.3　情感分析表

情感类别	比例（%）	强度	比例（%）
积极情感	94.8	一般	43.1
		中度	22.4
		高度	29.3
中性情感	5.2	一般 / 中度 / 高度	5.2
消极情感	0	一般	0
		中度	0
		高度	0
总计	100		100

通过表 8.3 可以看出，受访者积极情感占比为 94.8%，占比最高；中性情感占比较低，为 5.2%；消极情感在统计中没有出现。因此，受访者对乡村旅游引导乡村文化振兴感知以积极情感为主，说明当地居民对旅游减贫及乡村文化振兴具有较好的评价。“支持”“丰富”“热闹”“重视”等高度积极的情感词汇在前文词频分析中也有所体现，反映出当地居民、政府、外来企业、游客等利益相关者不管是对于乡村旅游还是文化振兴都是持支持和重视的态度，于是也就呈现了设施（如图书馆、体育馆）、服饰（如彝族特色服装、饰品）、手工艺（如银器、彩绘）等文化资源越来越丰富、文化活动氛

围越来越热闹的情形。中度积极的情感词汇有“出名”“好玩”等，随着乡村旅游的进一步发展，关于各类文化的内容宣传力度加大，本地的各类文化资源（如温泉等）知名度有所提高，并受到外界的关注，而且各类好玩的民俗活动是趋向多样化的。一般积极的情感词汇有“挺好”“改变”“吸引”等，其中“挺好”主要是指受访者针对邻里关系、各类活动、基础设施、文化资源的感知挺好，且这些受访者指出本地近些年已经发生了改变，认为各类资源都是极具吸引力的，会吸引游客来旅游，也会吸引异地工作者选择返乡创业。另外，中性情感还涉及“休闲”等词汇，即随着篮球比赛等休闲活动的开展和广场等休闲设施的建设，本地居民生活条件得以改善。

第三节　本章小结

本章基于对凉山地区居民的深度访谈材料展开内容分析，发现旅游设施、民族文化特色与民族活动构成了高频词的主要类型，具体来讲，“发展”“游客”“彝族”“乡村旅游”等是出现频率较高的词汇。与旅游相关的高频词有“灵山寺”等相关旅游资源，也有“交通”“酒店”“民宿”“农家乐”“商店”“Wi-Fi”等旅游设施，还有“火把节”“羊毛节”等旅游节庆活动。

在旅游减贫引导乡村文化振兴的感知分析中，结合访谈材料来看，村民的感知较为积极和正面，尤其是对于精准脱贫工程的实施成效。这主要表现在两个方面：其一，精准脱贫工程明显改善了凉山地区的教育条件与教育水平，因此围绕凉山教育的“小学”“初中”“高中”“大学”等词在访谈材料中反复出现，教育脱贫成效显著，当地受教育水平得到很大提高；其二，当地的传统文化得到有效保护，文化生活日益丰富。旅游资源的开发实现了对原有文化遗迹、传统文化的保护与传承，也为村民重新认识自身文化提供了新的视角，促进了当地居民的文化自觉。旅游与文化的融合，正成为凉山地区由精准脱贫走向乡村振兴的重要力量。

但通过对本章的内容分析也可以发现，在凉山旅游引导乡村振兴中存在一定的不足。在访谈中，多位村民提及虽然旅游得到发展，但游客到访的交通方式主要为自驾，公共交通的滞后影响了旅游业的发展，尤其是城际之间的快速交通。

总体而言，本章基于当地居民的深度访谈，表明了过去三年旅游减贫成效显著，无论是精准脱贫还是旅游发展促进乡村文化振兴都获得了当地居民的高度认可。在新时期，立足已有的脱贫成果，需要全面总结凉山旅游减贫的经验，为“十四五”时期凉山地区乡村振兴提供更好的经验支持。

第九章

旅游减贫引导乡村振兴的经验借鉴

“他山之石，可以攻玉。他人之事，我事之师。”随着脱贫攻坚和乡村振兴两大战略的不断推进，我国各地涌现出成绩斐然、特色各异的发展典型案例，这些案例为凉山州进一步发挥旅游产业的富民效应、巩固脱贫攻坚成果，进而推动乡村振兴提供了较多借鉴。

本章选取六个典型案例，介绍其主要做法，总结旅游产业发展引导乡村振兴过程中的宝贵经验，寻求更好地发挥旅游产业带动效应的普适性实践启示，为凉山州在实现第二个百年奋斗目标新征程中进一步发挥旅游产业的乡村振兴引导作用提供支持。

第一节 乡村旅游“篁岭模式”打造乡村振兴标杆

一、基本概况

上饶市婺源县篁岭村，是一个拥有近600年历史的徽派古村落，距离县城约30公里，面积约15平方公里。因地质灾害频发，从1978年开始政府便鼓励村民搬迁，到2009年70%的村民已自行搬迁下山，半数以上房屋无人居住，仅有村民73户，人口约320人。篁岭村的人口健康发展问题亟须解决。

2009年以前，篁岭村的乡村旅游尚未开发。篁岭村面临缺水缺电、居民搬离、房屋失修等窘境，人走屋空、田荒村散是这里的真实写照。受地形限制，村庄房屋建在一个陡坡上，房屋高低错落，呈半环状分布。村内可用地十分稀少，可谓“地无三尺平”，村民晾晒农作物只能使用竹簟晒在自家屋顶木架上。村民中大部分年轻人在外务工，平时只有老人与小孩留守村庄，整个村庄呈半空心化的萧条景象。由于村庄缺乏管理，环境卫生、教育、医疗条件极差，在住村民人心思迁，有条件的都在逐步外迁。村民搬迁后的闲置房屋因年久失修部分已开始腐烂，有的甚至倒塌，宝贵的“晒秋”景观逐渐消失，周边梯田渐渐荒芜。

自 2009 年开始，篁岭村利用市场经济杠杆，经过“整体搬迁、精准返迁、产业融入”三部曲保护式开发，实现了村民的旅游就业、创业、兴业，促进了村民增收，推动了乡村振兴，有效打通了绿水青山向金山银山转换的通道。首先是资本引入。引入婺源县乡村文化发展有限公司，在山下新建安置新村，搬迁安置在住村民，使村民生产生活条件得到了彻底改善。其次是产业打造。将 120 栋原址民居改造成精品度假酒店，又收购散落民间的 20 多栋徽派古建筑并在篁岭村进行异地保护重建，打造了商业一条街——天街。最后是功能分区。如今的篁岭分为山下新村和山上古村。山下新村是当地居民生活区，村里家家都住进了联排别墅，环境优美，交通便利，村民安居乐业。山上古村开发成了篁岭景区，区内景物以篁岭晒秋、梯田花海、山寨村落、徽派古建等为主要特色。

二、主要做法

（一）挖掘文化深层内涵

1. 发展古村特色民俗文化

在保护中开发、传承中弘扬，使文化焕发新活力，推进古村落文化、民俗文化及生态文化的融合。通过“人下山、屋上山、貌还原”的整体性打造，推动了古村特色民俗文化的保护、传承和开发。首先是“人下山”，通过“以屋换屋”的形式，将村庄原住民集体迁往新村统一安置，并对篁岭村古建筑进行产权收购和修旧如旧，将 120 栋原址民居改造成精品旅游项目。其次是“屋上山”，投入巨资对散落在婺源各地古村落中缺乏保护的 20 多栋徽派古建筑实施异地搬迁保护、集中开发运营，认养人拥有经营使用权，政府资产权属不变，将其打造成景区民宿古建的“压轴名片”。最后是“貌还原”，除了建新似旧、修旧如旧，保持原有村落建筑古貌，还通过内涵挖掘、文化灌注、活态演绎等方式凸显古村文化的“原真性”和民俗文化的“原味性”，实现古村落文化、民俗文化及生态文化的完美融合。

2. 非遗文化传承

复兴手工艺——徽三雕。推进非遗资源的开发利用，开发特色文创产品。按照保护与开发双赢的思路，积极培育具有市场前景的非遗项目。通过实施传统工艺振兴、开展文创产品大赛等举措，鼓励支持传统手工艺者和相关企业开发适应现代旅游市场需求的特色文创产品。

（二）加强文化基础设施建设

通过综合文化服务中心、文化服务站、文化馆、图书馆等基础设施建设，促进人民群众文化素质的提高、精神生活的丰富，为地区文化振兴奠定基础。

全县 201 个行政村（社区）综合性文化服务中心全部完成“五个一”标准建设，17 个乡镇综合文化站全部完成“三室一厅”标准化建设、实现“三个到位”。为了让广大群众真正过上娱乐有设施、活动有场所、学习有课堂的健康文明新生活，2020 年，婺源县将党建文化宣传员的职责加入到组织部正在抓的“一村一名大学生”工作中去，年轻的党建文化宣传员见识广、思想活，为乡村经济社会发展注入新鲜血液，为推动决战决胜脱贫攻坚与乡村振兴战略有效衔接提供人才支撑。党建文化宣传员整合村级党建宣传资源、搭建平台，充分发挥文化墙、文化戏台、文化广场、文明实践中心、电教设备等资源优势，开展群众喜闻乐见的活动，寓教于乐，利用好诗词会、书法赛、广场舞等鲜活载体，传授群众期盼的知识技能。11 月中旬，县委、县政府举办一期全县行政村（社区）党建文化宣传员培训班，还就文化宣传员的职责和相关业务进行专题培训指导。为解决文化场馆开放人才短缺问题，县文化馆面向社会公开招聘事业编制人员 2 名，县图书馆、非遗馆公开招聘公益性岗位 6 名。

（三）加强文化人才队伍培养

通过加强人才队伍建设，推动文旅融合，推进如非遗等地区特色文化保护传承工程建设，加强传承人才培养。同时积极推进文旅融合，以旅游促进文化的传播与弘扬，为文化的更好传承提供支撑。

2006 年，婺源徽剧成功入选第一批国家级非物质文化遗产名录，为抢救、传承和保护好婺源徽剧这一优秀民族艺术遗产，婺源县加大政策引导和资金投入，从抢救、培养、展示、宣传等多个方面入手，积极推进徽剧保护传承工程，让徽剧这一古老的戏曲瑰宝逐渐走出了濒危困境，重新焕发出蓬勃生机。婺源县加强徽剧传承人才培养，出台了徽剧传承人才培养保护办法，先后申报命名各级徽剧代表性传承人 17 人；加大经费投入力度，鼓励扶持传承人开展各种传承授艺活动，积极培养徽剧艺术接班人；成立了婺源县徽剧传习所，按照行当要求在全县中、小学校公开择优选录小学员，采取与专业艺校合作及假期随团实践的方式培养徽剧演艺人才，2015 年以来学员在市级以上戏曲大赛中获得了许多大奖。

江西省旅发委统筹了主题为“全域旅游，美好生活”的旅游活动。婺源县江湾景区设立的上饶分会场将两大非物质文化遗产徽剧和傩舞搬上了古戏台供游客欣赏。

（四）开展地区特色文化活动

推动地区文化符号的传播，以旅游促发展：一方面，挖掘开发地区特色文化，开展丰富多彩、特色各异的文化活动；另一方面，与旅游相结合，打造“文化旅游节”，通过旅游的带动性、传播性与广泛性，促进地区“文化符号”的传播。

篁岭每年都会举行晒秋节，以欢庆丰收。每年的农历六月初六，是中国传统的“洗晒节”，也是篁岭的“晒秋节”。因这时南方天气已非常闷热，再加上正值雨季，气候潮湿，万物极易霉腐，人们在这一天洗晒衣服，以求吉利。随着果蔬的成熟，每年农历六月初六至九月初九，篁岭都举办“晒秋节”。

2018 年，中国（篁岭）第四届晒秋文化节暨二十四节气节俗文化专家研讨会于立秋当日在篁岭举行。此次晒秋节由中国民协和江西省文联主办，江西省民协、婺源县人民政府和篁岭景区承办，以“保护晒秋文化遗产，传承中华农耕文化”为主题，结合立秋习俗，篁岭古村在表演傩舞、瓜果秀等农耕风俗的同时开启了 2018 年第一场晒秋展示，辣椒、夏菊、玉米、稻谷等农作物晒满农家屋顶。

（五）以文化为内核开发旅游文化产业特色项目

以地区特色文化为内核，以旅游为依托，着重开发旅游文化产业特色项目，通过文旅融合带动产业发展，推动农民增收、助力精准扶贫、促进乡村振兴，带领更多群众共享发展成果。

围绕乡村文化元素主线，整村开发、生态入股、就业创业、品牌创建。婺源乡村文化发展有限公司董事长吴向阳介绍，通过对村庄进行全面产权收购、搬迁安置的办法，篁岭古村落建筑和古村文化的“原真性”得以保持，再加以修缮，篁岭古村风貌将是一个特别吸引游客的闪光点。据悉，“篁岭民俗文化村”围绕乡村文化元素主线，投资人民币 2 亿多元。该项目在保护的基础上治理地质灾害，利用村民旧的生产资料打造旅游产品，从而改变了婺源旅游产业单纯依靠门票获利的经营模式，探索乡村旅游从单一观光型向休闲度假、文化娱乐、民俗体验、旅游会展等综合配套型转变。

婺源乡村文化发展有限公司副董事长孟毅成向记者介绍，改造后的“篁岭民俗文化村”着重开发旅游文化产业特色项目，主要包括：美术摄影及影视创作基地、农家民俗生活体验基地、农耕文化展示基地、民俗文化演绎及特色农家客栈等项目，最终将篁岭村打造成婺源最具民俗特色的文化艺术影视村落和“徽州文化生态保护试验区”的典范。

（六）积极推进乡风文明建设

依托各地村规民约、家训、家风，在全县深入推进“徽家训”“好家风”进村入户活动，村民们将祖传家训或从优秀传统文化中提炼的家训制成精致的小牌悬挂于家门之上，勉励自己，激励下一代，为婺源乡村文明建设注入了新的内涵。多年来，婺源县无重大治安案件、无群体越级上访、无群体性事件、无重大刑事案件、无边界重大纠纷的“五无”村达 85% 以上，先后被评为“全国村民自治模范县”和“全国平安建设先进县”。同时，各景区、村镇成立的龙灯、抬阁、豆腐架等表演队经常开展健康有益的活动，活跃了农村文化生活，淳化了民风，促进了精神文明建设，拾金不昧、见义勇为等行为层出不穷。

第二节 “旅游扶贫车间”成为“致富梦工厂”

一、基本概况

宁夏固原市羊槽村，是一个生态旅游资源丰富却贫穷落后的村落。羊槽村位于泾源县东部，距县城约 8 公里，北距甘肃崆峒山景区约 15 公里，胭脂峡景区位于其中，发展旅游产业的基础条件优越。全村共有 6 个村民小组，518 户、2192 人，2014 年以来共识别贫困户 157 户、701 人。

面临严峻的脱贫攻坚形势，宁夏泾源县把发展旅游产业作为全县脱贫攻坚的主导产业之一，通过政策驱动、项目带动、全域联动，全力以赴推动旅游产业发展。羊槽村结合自身优势，结合扶贫车间投资小，厂房设备技术含量、年龄要求不高，工作时间宽松，适应面广等特点，建起旅游扶贫车间。贫困发生率从 2014 年的 26.5%下降至 0.63%。2017 年，通过实施旅游扶贫到户项目，共兑付旅游扶贫专项资金 16.5 万元。其中，以刺绣、沙画为主的旅游商品加工 21 户，补助资金 10.5 万元；农家乐 6 户，补助资金 6 万元。截至 2018 年底，旅游扶贫车间累计吸纳 67 户村民参与旅游商品生产，加工旅游产品近 5000 件，实现全部回收，人均每月增收 1200 元左右，有效地促进了贫困群众增收。

二、主要做法

（一）通过节庆活动进行市场营销

通过驻村第一书记的积极争取，在自治区文化和旅游厅的大力支持下，羊槽村主动实施“走出去”战略，以村为单位参加了“2017 年海峡两岸旅游商品展暨‘食尚宁夏’美食狂欢季”和昆明“2017 年中国国际旅游节”，节会上，羊槽村的旅游资源与特色产品加工受到了相关企业的关注。羊槽村与 6 家企业签订了旅游商品代销协议，与云南省九乡民族刺绣公司达成民族刺绣技术互相交流学习的共识，与宁夏蓝孔雀山庄旅游发展有限公司达成了旅游商品研发、订单制作与销售合作协议。贫困户通过在旅游扶贫车间工作，实现了就地、就近转移就业，从而获得持续性收入，实现了脱贫致富。

（二）建设伴手礼手工作坊

培训当地居民制作、加工并销售特色旅游商品，与企业达成合作协议并实现双赢。2017 年，村委会经过摸底调查，确定了 21 户会刺绣、懂沙画的建档立卡贫困户为扶持对象，参与旅游商品加工与销售。经过县、乡、村三级申报，争取旅游扶贫专项资金 16.5 万元，建设旅游扶贫手工作坊 21 个。村“两委”和村妇联广泛动员全村留守妇女积极参与，采取“订单式”加工销售模式，生产加工刺绣等特色民俗商品，每户平均增收 1500 元左右。

（三）采用“村党支部 + 合作社 + 龙头企业”模式

在旅游产业发展过程中，村委会认识到抱团发展的重要性，通过采用“村党支部 + 合作社 + 龙头企业”的发展模式，成立了胭脂峡旅游商品专业合作社。引进了宁夏蓝孔雀旅游商品研发中心，通过整合村活动室和畜牧改良点建设旅游扶贫车间，打造以布艺加工为主的沙画、刺绣、串珠、绳编等旅游商品制作基地。目前，通过精准培训、订单加工、定向回购等方式，为60名学员开展了沙画、布艺加工、葫芦烫画、汽车坐垫编织4大类、60个品种的旅游商品制作培训。由企业提供原材料并签订加工回购协议，加工产品经验收合格后，由企业直接回收并支付加工费，真正让旅游扶贫车间成为群众增收致富的“梦工厂”。

（四）开设“农民夜校”培训班

充分利用村党支部和村文化活动室，建设农民夜校，以沙画、刺绣等旅游商品制作技能培训为重点，先后聘请了自治区非物质文化遗产协会会长马福荣、旅游服务资深讲师马晓娟及区内外刺绣方面的有关专家，通过理论讲解、互动交流，组织农户实地观看、实际操作等方式，利用晚上七点至九点半的闲暇时间，在羊槽村村部举办“农民夜校”培训班，实现了由传统的输血式救济扶贫向造血式产业扶贫的转变。不仅满足了广大农民的求知需求，提高了农民素质，还让更多群众足不出户就能学到技能知识，提升了贫困户脱贫致富的能力，增强了脱贫信心。

第三节　传统文化旅游赋新篇

一、基本概况

西藏自治区达东村位于西藏自治区中南部，拉萨市西南部，总面积 5.1 平方公里，平均海拔 3640 米。达东村距离机场高速达东站出口约 3.2 公里，距离柳梧新区 13 公里，距离拉萨市区约 30 分钟车程。为响应中共中央及西藏自治区党委、政府的精准扶贫号召，达东村于 2016 年 4 月正式启动“达东村村容村貌整治暨扶贫综合（旅游）开发”项目。该项目参照乡村旅游建设标准，对达东村电力、排水、道路、通信、村落建筑空间布局、乡村厕所、垃圾分类等基础设施进行完善，并实施危旧房的改造、整治工作。

项目分为两期建设，一期项目主要是通过对达东村村容村貌的整治，来改变村民的生产生活方式，致力于调整达东村产业结构，带动村民踏上脱贫道路。二期项目主要是以乡村旅游产业实现扶贫，在达东村自然风貌的基础上，丰富达东村乡村旅游产品，优化产业结构，带动经济结构的转型升级，打造拉萨市第一个“复合型旅游乡村”，为达东村实施乡村旅游、带动精准扶贫、实现可持续发展创造条件。该村通过“政企合作”模式建设和运营，保障达东村景区迅速、有效、健康地发展；通过实施“企业专业化经营管理，村集体对项目用地持有所有权，村民持有对土地承包权”的权利分置办法，有效提高了村民参与的积极性。

项目运营解决当地村民就业 80 余人，其中，建档立卡贫困户 20 人。达东村也已于 2018 年完成脱贫摘帽验收考核，正式退出贫困村。该项目 2016 年共计接待游客 8 万余人次，2017 年游客接待量达 15 万人次，旅游收入达 471 万元。2018 年，随着达东村文旅特色产业的丰富和项目知名度、美誉度不断提高，接待游客量达 40 万人次，旅游收入达 607 万元。

达东村通过发展乡村旅游先后获得了“中国美丽休闲乡村历史古村”“中国乡村旅游创客示范基地”“第七批中国历史文化名镇名村”“2016 美丽宜居村庄示范”“2016 中国最美村镇生态奖”“2017 年改善农村人居环境美丽乡村示范村”“2017 中国最美村镇 50 强”“2017 年度全国生态文化村”“第五批中国传统村落”等国家级荣誉称号，还获得“西藏历史文化名村”的认定。

二、主要做法

弘扬藏族特色文化吸引游客：培训居民继承传统乐器文化，自制藏区文化剧目，发扬传统节日，吸引游客前来的同时丰富居民精神文化。

（一）开设民族乐器培训班

为丰富农牧民群众的精神文化生活，拓宽群众增收致富渠道，变“冬闲”为“冬忙”，达东村近几年开始举办民族乐器培训班。培训班以教授农牧民群众学习扎木念和扬琴弹奏为主，吸引了该村众多群众报名参加。培训不仅为广大民族乐器爱好者提供了交流学习的平台，而且对传统民族乐器、文化的传承与保护起到了积极的作用；同时，依托达东村旅游景区内林卡、藏家宴等增收项目，农牧民群众可以利用乐器表演来提高经济收入。

（二）开发藏文化经典实景剧

如今在拉萨，这个流传千年的历史故事已被打造成一场文化盛宴——《文成公主》藏文化经典实景剧，用文艺演出的形式再现文成公主入藏的汉藏文化交流史，吸引了一批批游客前来观看，促进了拉萨旅游文化事业的发展。

（三）筹办传统节庆

在疫情防控常态化环境下，为有效满足人民群众精神文化生活，倡导

“拉萨人游拉萨”，强力带动消费、拉动内需，拉萨市规划为雪顿节布展7个场地，分别为拉萨建材交易中心、洲际会展中心广场、白纳沟、达东村、拉鲁湿地公园、宗角禄康公园、罗布林卡公园，规划展位总数近600个，预计参展企业和商家560余家。

（四）增强文化基础设施建设

落实乡村旅游与传统文化传承的实体地点，保持稳定性。文化部门将把公共文化设施打造成为乡村旅游新载体。统筹规划，投入资金，在基层综合性文化服务中心建设、贫困地区公共文化服务体系建设、乡村旅游精准扶贫等方面，明确文旅设施在设计、施工、建设、资金等方面与全域旅游项目的有效整合，抓好乡村文化设施与旅游景点的融合建设。以乡村文化旅游活动开辟群众增收新渠道，在整合当地特色民族文化资源的基础上，以轻资产、精品化、原生态、接地气、可持续为目标，打造乡村文化旅游演艺品牌，带动当地群众通过参与演艺或经营农家乐等途径实现就业增收。另外，立足贫困地区丰富的传统手工艺等非遗资源优势，培育“非遗+扶贫”传统工艺项目，用特色非遗资源促进乡村产业振兴。深入挖掘当地特色民族民俗文化资源，打造民族传统节庆活动品牌，在文化活动中销售当地特色产品，不仅可以吸引更多游客，还能推进农村产业融合发展。

（五）提升文化文旅体验质量

旅游业是带动经济发展和富民兴藏的主导产业，拉萨市最重要的资源是文化资源，最大的优势是文化旅游。尼木县吞巴乡景区的游览栈道已铺设完毕，古老的藏香水磨以及高高垒起的香塔随着溪水的流动而散落林间。离此不远的卡如乡风景如画，游人还有机会与非遗传承人一起现场制作藏香、藏纸。尼木县卡如村与当雄县巴嘎村、达孜区白纳村都入选了全国乡村旅游重点村名录。

每周二和周四，在市群艺馆一楼公共文化服务设施免费开放区，喜爱朗玛堆谐表演的市民群众会来学跳朗玛堆谐。由拉萨市级堆谐非物质文化遗产传承人尼玛仓曲和旺青两位老师亲自任教的拉萨堆谐传承队，于2014年在拉萨市群艺馆正式挂牌成立。得益于党的文化惠民政策及各级各类公共文化服务设施的免费开放，拉萨堆谐传承队常年为喜爱朗玛堆谐表演的市民群众进行教学，从成立初期的十几名学员，到目前已经有2000余名市民群众先后在传承队系统地学习朗玛堆谐表演。

第四节 “栾川模式”丰富旅游新内涵

一、基本概况

栾川县位于河南省西部，东与嵩县毗邻，西与卢氏接壤，南与西峡抵足，北与洛宁摩肩，素有“洛阳后花园”和“洛阳南大门”的美誉。栾川县总面积2477平方千米，素有“四河三山两道川、九山半水半分田”之称。总人口达35万，其中农业人口达29.9万。2018年12月12日，栾川县被命名为第二批“绿水青山就是金山银山”实践创新基地。2019年5月9日，经省级专项评估检查，栾川县达到脱贫摘帽标准，正式退出贫困县序列。

栾川县坚持“绿水青山就是金山银山”的发展理念，大力实施旅游富县战略，不断丰富和创新“栾川模式”旅游新内涵，通过推动乡村旅游转型升级，打造全域旅游格局，保持转型发展的活力和动力。全县已建成5A级景区2个、4A级景区6个，发展旅游专业村40个，打造A级乡村旅游景区3个。发展农家宾馆1178家，培育出“慢居十三月”“江南人家”等20家精品民宿，基本实现“一乡一品、一村一品”的全域化、差异化栾川乡村旅游品牌。旅游直接从业人员达到3.2万人，有12566名贫困群众通过发展旅游实现稳定脱贫。

二、主要做法

（一）文化下乡，大戏进村

为弘扬戏曲文化、普及戏曲知识、提高广大戏迷朋友演唱水平，狮子庙镇曾邀请县剧团张建文老师、崔银会老师等 6 人到狮子庙镇文化服务中心开展“扎根基层培根铸魂”主题戏迷培训活动。参与者有文化志愿者、文化活动中心专干、文艺骨干、广大业余群众爱好者等 25 人。

送戏下乡，文化惠民，丰富人民群众的精神生活，提高乡村社会文明程度，助力乡村文化振兴。县曲剧团送戏下乡到秋扒乡站，分别走进了秋扒乡雁坎村、鸭石村和秋扒村。接地气且极具感染力的戏曲节目不但丰富了老百姓的精神生活，在“润物细无声”中调动起他们生产生活的积极性和提高他们的活跃度，而且以一种文化惠民的方式为乡村文化振兴增添新的活力。

需要不断提振老百姓的“精气神”，让他们的精神富起来、情感满起来。通过不断丰富载体、创新内容，以群众喜闻乐见的方式做好精神文化引领，满足广大群众多样化的文化需求，唤起农民的内在自觉，才能不断提高乡村社会文明程度，焕发乡村文明发展新气象，为乡村振兴筑牢文化根基。

（二）传承和活化红色文化

开发地区红色文化，带动地区红色旅游发展，促进居民与游客的红色教育，提高思想品德水平。抱犊寨海拔 1800 米，因牧童食灵芝草抱牛犊升天成仙的神话故事而得名。近年来，具有红色基因的抱犊寨更因 1946 年至 1948 年解放军三次攻打当地悍匪谢润玉的故事而出名。

“红色旅游带火了抱犊寨。”抱犊寨红色旅游风景区负责人张志辉表示，抱犊寨一方面依托良好的生态景观发展避暑养生游；另一方面结合“不忘初心、牢记使命”主题教育，开展红色旅游，让游客在饱览自然风光的同时缅怀革命先烈、接受红色教育。

（三）加强文化设施（博物馆）建设

栾川县将城市书房建设确定为2018年文体休闲类惠民实事，由县文广新局牵头负责，县图书馆具体实施。目前位于县城兴华路中段、文化路与幸福路交叉口、凤凰天街B栋楼、滨河南路八一桥头、滨河北路S桥头5个点的城市书房室内已装修完毕，正在进行图书整理上架。

建设“城市书房”，打造“书香栾川”，举办知识讲座、亲子阅读、图书推荐、电视推广、经典诵读、诗词朗诵等阅读推广活动，丰富了市民精神文化生活，让人在阅读中品味河洛文化，感受浓郁书香。

（四）开展传统节庆活动

陶湾镇“伊源水镇·寻梦问花”文化旅游节在“桃花仙子”的翩翩起舞下拉开帷幕。县人大常委会副主任胡超宣布开幕，县政协副主席马汉成等领导出席开幕式，陶湾镇政府负责人在开幕式上致辞。

陶湾镇以乡村旅游为抓手，努力打造特色小镇。在全面推进脱贫攻坚的大势下引导、号召当地农民开展休闲农业乡村游，“农家乐+休闲农业”的模式让更多农民搭上旅游的大船实现脱贫致富。沿线的15公里桃花园分别途经陶湾镇协心村、唐家庄村、红庙村、西沟村，通过乡村旅游发展生态产业，大面积种植的桃树连成一片，形成“春季赏花、夏季采摘”的特殊景观，吸引城里人到农村享受田园生活，使当地农民靠乡村旅游脱贫增收。该镇还将依托境内特色明显、得天独厚的自然资源，以“伊源水镇”为品牌，倾力打造河南省内首家开放式无门票旅游度假区、全省脱贫攻坚示范区、乡村旅游及沟域经济示范区、生态文明建设示范区，山地自行车和徒步登山运动健身基地、健康养生养老基地，集旅游观光、休闲娱乐、养生健身于一体的旅游度假村。

召开旅游文化节，吸引游客，带动旅游，村民增收，脱贫致富。通过旅游文化节等特色文旅活动的开展，促进地区特色文化的形成，有利于地区

"文化符号"的传播，增强人民的文化自信心和文化自豪感。

（五）大力培育旅游新业态

以"旅游+"为手段，切实推进产业融合发展，培育催生新的业态，形成新的消费热点。要推进文化旅游发展，深度挖掘老子文化、伊尹文化、"栾川人"文化内涵，创意开发文化旅游产品，提升旅游产品的文化内涵。以"旅游"为基点，通过文化内涵的挖掘与灌注，培育旅游新业态，以旅游促文化，以文化活旅游。

扶持栾川县辖区内在市场监督管理部门登记注册的文旅企业及单位，建设打造历史文化街区、博物馆等文旅融合项目。历史文化街区具有本土特色，体现文旅融合，具有较大市场影响力。旅游企业引进或打造具有一定规模的旅游演艺项目，具有当地文化特色创意，鼓励旅游企业推进研学游基地建设，鼓励发展庭院剧场、夜游演出等小型演出项目。

（六）支持引进培育人才

实施艺术名家引进工程。国内著名表演、戏剧、音乐、美术、舞蹈、曲艺、杂技、设计、摄影等领域艺术人才或领军人才，到我县建立艺术大师工作室、艺术教研基地、旅游商品研发中心等项目满 1 年，且具有带动引领效应的，给予一次性奖励 10 万元。对在省、市旅游行业技能大赛获得奖项的人员，前三名分别给予奖励。在我县旅游行业从事一线工作满 3 年，在景区运营、市场营销、乡村旅游和酒店管理等方面对我县旅游业发展作出突出贡献的，经县旅游工作领导小组推荐评选出的人员，每人给予 5000 元奖励。充分发挥旅游相关行业协会在人才培养、行业自律方面的作用，对管理规范、积极配合旅游工作、推动行业进步的优秀协会组织，经县旅游工作领导小组推荐评选，给予一次性奖励 1 万元。

支持引进、培育相关技术人才，为文旅发展提供智力支持。加快推进文旅扶贫项目；落实好送戏下乡、送电影下乡等惠民实事；推出"双百万工程”对农家宾馆和精品民宿的质量进行提升；做好创建国家级全域旅游示范区各项工作，迎接国家验收；积极参与“河南省文旅快手创作者培养营销计划”，利用快手等新媒体平台，打造栾川的网红景区、网红乡村；组织好旅游营销活动，重点谋划夏季旅游惠民活动；加快智慧旅游建设，各景区不断提升智慧化服务和智慧化管理水平。

第五节　“千年哈尼梯田”走出文旅融合新路子

一、基本概况

云南省的阿者科村是世界文化遗产红河哈尼梯田遗产区 5 个申遗重点村落之一，也是第三批国家级传统村落。元阳县因地制宜，充分擦亮了“千年哈尼梯田”这张亮丽的名片，大力发展“稻鱼鸭”综合种养模式，不仅保留了传统耕作方式，也吸引了大量游客前来参观梯田景观。

“十三五”期间，元阳县以乡村文化振兴为抓手，以发展文化旅游产业为重点，探索出了以“千年哈尼梯田”为品牌、民族文化资源为支撑的文旅融合新路子。五年来，元阳县共接待国内外游客 1523.48 万人次，其中：接待海外游客 28.72 万人次，国内游客 1494.76 万人次，实现旅游总收入 254.73 万元。“十三五”期间，元阳县成功申报为省级旅游扶贫示范县，新街镇、攀枝花乡成功申报省级旅游扶贫示范乡镇，新街镇阿者科村、土锅寨村、黄草岭村、普高老寨村及攀枝花乡勐品村、猛弄村成功申报为旅游扶贫示范村。

二、主要做法

（一）深入挖掘特色旅游文化资源

元阳县立足境内丰富的民族文化资源，将传统村落保护利用与全域旅游工作紧密结合，大力发展乡村旅游，并打造电商扶贫县域平台，走出一条符合元阳山区特色旅游发展的新路子。“十三五”期间，元阳县紧紧围绕全州“五区一带”发展布局，深入挖掘整理民族民间文化资源，充分发挥文化和旅游资源优势，让千年哈尼梯田焕发新的生机，开创出文化创造活力持续迸发、旅游发展质量持续提升的新局面，有效推动了全县文化和旅游深度融合，让自然景观更富神韵、文化体验尽显魅力。

2018 年，元阳县成功将国家级非遗项目《哈尼哈吧》代表性传承人马建昌和国家级非遗项目《祭寨神林》代表性传承人卢文学申报为第五批国家级传承人；2019 年，成功将《矻扎扎节》申报为第五批国家级非遗代表性项目；2020 年，完成了 6 项州级项目和 9 名州级传承人的推荐申报工作。

阿者科村作为世界文化遗产红河哈尼梯田中 5 个重点申遗村寨之一，属于元阳哈尼梯田的核心区域，这里完整保留了村寨、梯田、森林、水系“四素同构”的生态系统，被人们奉为心目中的“云上人家”。“十三五”期间，元阳县扎实推进非遗保护。目前，全县共有国家级非遗项目 3 个、省级非遗项目 7 个、州级非遗项目 15 个、县级非遗项目 73 个；共有非遗代表性传承人 167 人，其中，国家级传承人 3 人、省级传承人 6 人、州级传承人 37 人、县级传承人 121 人。阿者科村充分挖掘利用民族文化资源，发展乡村旅游，将保护传统文化与发展旅游相结合。

（二）开展旅游文化节庆

元阳县全力推动文、旅、体融合发展，依托文化节庆活动，积极开发以体验民族特色节庆活动为亮点的旅游产品，成功举办第一届、第二届“开秧门”实景农耕文化节，第二届元阳哈尼梯田国际越野马拉松比赛，第三届红河哈尼梯田世界文化遗产摄影双年展，中国农民丰收节，稻花鱼丰收节等系列节庆活动，文化旅游产品不断丰富。国家交响乐团红河州创作实践基地落户哈尼小镇，《哈尼交响·欢乐新春》专场音乐会在国家大剧院音乐厅成功上演并进行全球巡演。非物质文化遗产保护工作进展顺利，目前，元阳县拥有国家、省、州、县各级传承人 167 人，非遗项目 98 项，以元阳梯田景区为核心的文旅融合产业知名度、美誉度得到进一步提升。

元阳县依托“长街宴”“哈尼古歌”“乐作舞”“开秧门”等文化活动，策划打造具有文化性、生活性、趣味性的民族歌舞和主题节庆，发展民族文艺产业及文化品牌。2015 年，《哈尼古歌》走出国门，在意大利米兰世博会上成功驻场演出，并在北京、上海、广州成功展演；2016 年至今，《哈尼古歌》在元阳县演出 100 余场次，共 2 万余人次观看演出。此外，元阳县文化馆累计完成 390 场文化惠民演出，累计观看达 30 万余人次。期间，在哈尼小镇演出《哈尼古歌》102 场次。

（三）完善旅游服务设施设备

2016 年以来，元阳县旅游基础设施和公共服务、旅游产品及要素不断完善，旅游服务质量不断提升，以“旅游 + 农林、旅游 + 工业、旅游 + 文体”为模式的旅游产业不断融合，旅游对 GDP、财政收入、就业的贡献率不断提升。“十三五”以来，元阳县全面组织实施了文化建设“1046”春天工程，加快构建现代公共文化服务体系。累计投入文化馆、图书馆、博物馆、乡镇文化站免费开放工作经费 347 万元，投资 1.75 亿元的哈尼梯田文化博物馆建成并向社会免费开放。

“十四五”期间，元阳县将加快推进元阳哈尼梯田 5A 级旅游景区和省级全域旅游示范区创建工作，继续推进哈尼梯田文化景观老虎嘴梯田保护修复工程，完善旅游基础设施建设，完善旅游集散和服务功能，实施好元阳县文化馆、图书馆总分馆建设工作，完成各项惠民演出任务，加快现代公共文化服务体系建设。

（四）电商平台销售特色旅游产品

人工耕作模式不仅吸引了游客，培育出来的农产品也通过电商平台销往全国。自 2015 年起，元阳县将电子商务作为精准扶贫的重要举措，依托世界文化遗产千年哈尼梯田中生长的红米，借助“互联网 + 梯田红米”销售模式，全力打造“六个平台”助推贫困户精准扶贫、精准脱贫。全县 38932 户建档立卡贫困户中，种植梯田红米的有 12000 多户。2018 年，元阳县粮食购销公司计划收购红谷子 500 万公斤，加工销售 350 万公斤，受益的建档立卡户达 4516 户。

第六节　本章小结

典型的案例蕴含着丰富的经验与启示，上述案例给我们的启示可以归纳为以下几个方面。

一、文化与旅游融合发展

以文化为内核，开发旅游文化产业特色项目，推进文旅融合发展。以地区特色文化为内核，以旅游为依托，着重开发旅游文化产业特色项目，通过文旅融合带动产业发展，推动农民增收、助力精准扶贫、促进乡村振兴，带领更多群众共享发展成果。积极打造文旅融合类项目，通过文化街区、文化小镇等特色旅游建设以及旅游演艺项目下乡等活动推动文化产业发展。以“旅游”为基点，通过文化内涵的挖掘与灌注培育旅游新业态，以旅游促文化，以文化活旅游。

二、依托节庆活动实现文旅体融合发展

全力推动文旅体融合发展，依托文化节庆活动，积极开发以体验民族特色节庆活动为亮点的旅游产品。策划打造具有文化性、生活性、趣味性的民族歌舞和主题节庆，发展民族文艺产业及文化品牌。开展地区特色文化活动，推动地区文化符号的传播，以旅游促发展：一方面挖掘开发地区特色文化，开展丰富多彩、特色各异的文化活动；另一方面与旅游相结合，打造“文化旅游节”，通过旅游的带动性、传播性与广泛性，促进地区“文化符号”的传播。

三、传承和活化旅游非遗资源

推进非遗资源的开发利用，开发特色文创产品。按照保护与开发双赢的思路，积极培育具有市场前景的非遗项目。通过实施传统工艺振兴、开展文创产品大赛等举措，鼓励支持传统手工艺者和相关企业开发适应现代旅游市场需求的特色文创产品。

四、加强旅游服务设施建设

在旅游服务设施建设方面，完善旅游基础设施和公共服务、旅游产品及要素，提高旅游服务质量。在文化基础设施方面，加强文化馆、图书馆总分馆建设工作，增加各项惠民演出，加快现代公共文化服务体系建设。以地区特色文化为基础，在原有基础上加强设施建设，着力突出地区特色，在推动旅游发展的同时使文化焕发新活力。

五、加强文化旅游人才培养和引进

支持引进、培育相关技术人才，为文旅发展提供智力支持。通过加强人才队伍建设，推动文旅融合，推进如非遗等地区特色文化保护传承工程建设，加强传承人才培养，同时，积极推进文旅融合，以旅游促进文化的传播

与弘扬，为文化的更好传承提供支撑。

六、加强政策支持

出台旅游产业发展引导资金使用管理办法、旅游产业发展扶持办法、旅游产品开发和业态建设奖励暂行办法等，对旅行社招徕游客、旅游酒店建设、旅游商品开发、乡村旅游发展、旅游业态丰富等方面给予重点奖励和扶持，激发全民共建旅游的积极性。成立了乡村旅游引导乡村振兴协作小组，统筹部门参与乡村旅游项目建设，组建全域旅游投资公司，鼓励引导民间资本参与乡村旅游业态开发，发挥奖励资金杠杆作用，撬动旅游民间大投资。

第十章

凉山州旅游减贫的路径探索

凉山州是我国深度贫困地区，自新中国成立以来，党和政府高度重视凉山州的减贫工作。尤其是在改革开放以来，在中央政府的关怀下，四川省政府与凉山州政府先后制定了一系列减贫政策，从产业发展、住房、医疗、教育、基础设施建设、社会保障等多个方面发力，切实促进广大贫困人口脱贫，并取得了突出成效。旅游扶贫在凉山州减贫措施中发挥了重要作用，这也是凉山州产业扶贫的重要内容。本章选择了舍垮村、悬崖村、罗汉沟村等旅游减贫典型乡村展开实证调研，分析不同贫困乡村旅游减贫的具体措施与减贫成效。本章基于前期的理论分析和实证研究成果，通过归纳法总结凉山州旅游减贫的一般路径和成功经验。

第一节　政府引导明方向

随着国家针对贫困治理能力以及治理体系的不断提升和完善，凉山彝族自治州作为我国“三区三州”之一的深度贫困地区，既是国家领导人一直牵挂的全国脱贫攻坚主战场，也是凉山彝族自治州人民政府一直以来扶贫开发工作的施政重心。作为我国深度贫困地区的典型代表，凉山州扶贫开发成效关系到乡村振兴的全局，是全面建成小康社会的底线任务。

一、政策保障打基础

在国家和政府大力实施“精准脱贫”的科学政策引导下，凉山彝族自治州形成了以“全省选派综合帮扶工作队、凉山州帮扶干部、驻村第一书记等”为主要体系内容的“下沉式”的扶贫工作机制。在政府政策引领与统筹安排下，人力、物力、财力等各类扶贫资源精准投入深度贫困户、贫困村、贫困区域。[①]政策制定与实施为精准脱贫工作提供基础与保障。

（一）有明确的政策方向

1994年，国务院发布我国扶贫史上第一个具有明确扶贫目标、扶贫对象、扶贫措施和扶贫期限的纲领性文件——《国家八七扶贫攻坚计划（1994—2000年）》，提出用20世纪最后7年时间基本解决全国约8000万贫困人口的温饱问题。该项计划的实施为凉山州的扶贫开发工作明确了方向。同年，四川省委、省政府结合四川省情制定了《四川省七一一八扶贫攻坚计划》，动员贫困地区干部、群众致力于解决四川全省1180万贫困人口的温饱问题，凉山州政府也相应编制了《凉山州七二一〇扶贫攻坚规划》，并创新性地推出了“形象扶贫”“移民扶贫”“百乡千村扶贫”三大扶贫措施。

（二）专项扶贫行动有政策保障

“形象扶贫”是在解决贫困群众温饱问题的同时发动的一场改变陈规陋习的具有特殊意义的移风易俗式革命，以改变贫困农户家庭环境卫生状况、改善居住状况消除破旧危房、改革陈规陋习树立新观念、塑造社会主义时期凉山农牧民新纪元的“三改一塑”思想为主要内容。[②]截至1997年，全州有30多万人越过“五八”温饱线，对8万多贫困户进行了形象扶贫[③]，形象扶贫取得阶段性成果。

“移民扶贫”是将生活在缺乏生存条件的高寒山区的贫困村民，由政府出面，有组织、有计划地搬迁到宜于发展生产的平坝地区，实行高迁低住改

---

① 明亮，王苹．凉山彝族地区反贫困研究［J］．民族学刊，2019，10（6）．

② 王岚．凉山形象扶贫—— 一场移风易俗的革命［J］．西南民族学院学报（哲学社会科学版），1998（S1）．

③ 凉山：扶贫开发大事记［EB/OL］．http://www.sc.gov.cn/10462/10464/10465/10595/2012/8/23/10223264.shtml，2012-8-23.

善生存居住环境，从而达到脱贫致富的目的[①]。截至2002年，通过移民扶贫工程使凉山贫困群众人均纯收入与人均粮食产量从搬迁前的200多元与200多公斤分别增加到900多元和500公斤[②]，部分高寒山区的贫困村民通过搬迁基本解决温饱问题。

在《凉山州七二一〇扶贫攻坚规划》指导下，凉山州逐步推进“百乡千村”工程，凉山州委、州政府共选择106个乡，安排158个帮扶单位集中人力、物力、财力抓突破，力争通过“百乡”的突破性工作带动整个凉山扶贫工作。此外，为落实《四川省民族地区教育发展十年行动计划》，重点援助地方民族教育事业发展，凉山州政府在“百乡千村”工程总体框架下开展本地教育扶贫，通过改善人力资本投入提高人口素质、增进贫困地区的内生发展动力。通过十年的努力，中央与省级财政先后为凉山州投入教育帮扶资金共计140817.3万元。截至2010年，凉山州17个县市九年义务教育普及率均达到100%[③]。《乌蒙山片区区域发展与扶贫攻坚规划》《大小凉山综合扶贫开发规划总体思路》等各项减贫政策文件的出台实施为凉山州减贫提供了政策支撑[④]，使得凉山州脱贫攻坚计划能有计划、有组织、有针对性地开展。

“形象扶贫”“移民扶贫”“百乡千村扶贫”“教育扶贫”等工作的有效实施，很大程度上为凉山州的旅游发展创造了良好的卫生环境、较为完善的基础设施以及较高的人力资源素质等条件，为凉山州的旅游扶贫以及相对贫困的削减夯实了基础。

---

① 米吾作．论凉山彝族移民扶贫［J］．西南民族学院学报（哲学社会科学版），2000（S3）．

② 四川省凉山州实施移民扶贫工程纪实［EB/OL］．http://www.people.com.cn/GB/shizheng/19/20020919/826174.html，2002-9-19．

③ 规划总投入1.6亿元，采取强有力措施，凉山州确保全面完成《十年行动计划》任务［EB/OL］．http://www.sc.gov.cn/10462/10464/10465/10595/2011/6/7/10164497.shtml，2011-6-7．

④ 明亮，王苹．凉山彝族地区反贫困研究［J］．民族学刊，2019，10（6）．

二、政府牵引促旅游

进入 21 世纪以来，随着旅游业持续发展对国民经济增长与贫困群体增收的正面作用，旅游产业已经成为世界领域内一股重要的脱贫力量。依托旅游脱贫这种精准的脱贫路径，有针对性地识别适合旅游发展的乡村发展旅游从而实现脱贫。例如，2015 年国家正式实施精准扶贫政策，全国领域旅游系统迅速响应从贫困村中筛选一批具有一定旅游资源和发展基础的乡村并大力实施旅游扶贫的号召。凉山彝族自治州由于具备独特的自然和人文资源，因此凉山州政府将旅游扶贫作为带动百姓脱贫致富的重要战略，以旅游资源开发提升贫困乡村的“造血功能”。

凉山州聚焦打造全国旅游扶贫示范区目标，把示范创建作为实施旅游扶贫的重要载体，选择基础好、资源优、辐射带动力强的贫困县、贫困村积极开展省级旅游扶贫示范区（村）创建工作，通过挖掘贫困村旅游资源、创建乡村旅游品牌、举办旅游节庆活动、吸纳贫困人口就业以及销售旅游土特商品等多种形式，推进旅游扶贫，有力带动贫困人口脱贫增收，形成了“以点带面、示范引领”的强有力带动效应。

在政府主导下，凉山旅游扶贫取得积极成效。截至 2019 年 10 月，凉山州建成省级旅游扶贫示范区 3 个，建成旅游扶贫示范村 29 个，建成民宿达标户 246 户，举办乡村旅游节庆 80 余个，建成乡村旅游特色业态经营点 57 个。① 旅游扶贫惠及农民群众 14.61 万人，直接或间接带动 8000 余户群众增收，1200 余户贫困群众脱贫，旅游产业已经成为全州经济社会发展的重要引擎和助力脱贫攻坚的主要力量。②

凉山州旅游脱贫取得的成效离不开政府的引导，具体而言，政府部门对

---

① 凉山文旅融合发展助推脱贫奔康［EB/OL］. https: //baijiahao.baidu.com/s?id=1646795428025361141&wfr=spider&for=pc，2019-10-8.

② 凉山州大力发展乡村旅游推进旅游扶贫［EB/OL］. http: //www.mzb.com.cn/html/report/180722066-1.htm，2018-7-30.

旅游扶贫的引导可以概括为以下几点：

（一）各级政府政策有支持

习近平总书记反复强调“全面建成小康社会，一个民族都不能少”。凉山州是最大的彝族聚居区，也是深度贫困地区，更是各级政府减贫施政的重要战场。因此，各级政府都高度重视凉山彝族地区的减贫工作，并加大对彝族地区旅游扶贫的政策支持。

首先在国家层面。2018 年 1 月 18 日，国家旅游局、国务院扶贫办在四川省凉山彝族自治州安哈镇板桥村联合举办“三区三州”旅游扶贫对接活动，为深度贫困地区旅游扶贫工作搭建了对接平台。为加大深度贫困地区的旅游扶贫支持力度，国家旅游局和国务院扶贫办联合印发了《关于支持深度贫困地区旅游扶贫行动方案》，从旅游扶贫规划攻坚、旅游基础设施提升、旅游扶贫精品开发、旅游扶贫宣传推广、旅游扶贫人才培训和旅游扶贫示范创建 6 个方面开展旅游扶贫工作。2018 年，国家旅游局组织了包括凉山州在内的“三州”深度贫困地区，在北京市举办“三州”旅游推介会，有效宣传了凉山州的旅游形象。[①]

其次在省级政府层面。2018 年 6 月，四川省出台《关于精准施策综合帮扶凉山州全面打赢脱贫攻坚战的意见》，从 12 个方面采取 34 条政策措施精准支持凉山脱贫攻坚。[②]

最后在地方政府层面。凉山州先后编制和启动了《凉山州全域旅游发展规划》《凉山州休闲农业与乡村旅游业发展规划》《凉山州“十三五”旅游扶贫专项规划》《全州自驾游营地建设发展规划》等规划，深入实施“全域旅游”首位产业发展战略，着力打造“大凉山”全域旅游度假品牌，把发展全域旅游作为深化供给侧结构性改革、促进经济转型升级、决胜脱贫奔小康、

---

① 旅游扶贫走进四川凉山州，国家旅游局 6 招发力旅游扶贫［EB/OL］. http://travel.people.com.cn/n1/2018/0118/c41570-29773310.html，2018-1-18.

② 罗正琴 . 四川凉山彝族地区旅游精准扶贫［J］. 乡村科技，2019（29）.

推进繁荣发展的战略抓手，也为贫困地区旅游发展提供了很好的指导。①

（二）旅游扶贫人才有支持

由于凉山州是“直过民族”，当地居民的思想观念相对陈旧，教育基础薄弱、文化素质偏低，缺乏带动当地社会经济发展的高素质专业人才。2018年，四川省实施“深度贫困地区1万名人才专项事业编制保障工程”，鼓励和引导事业单位人才支援贫困地区，共调拨10000个专项事业编制到深度贫困地区，其中，涉及凉山地区的11个县有效缓解了凉山贫困地区旅游扶贫人才资源缺乏的问题。②此外，凉山州政府积极开展旅游扶贫人才培训，以旅游人才振兴推动脱贫攻坚和旅游首位产业发展。凉山州相关政府部门与四川农业大学、四川旅游学校、西昌学院等相关高校单位建立合作关系并开设专项培训班，选派旅游、农牧、规划建设等部门业务人员以及贫困村第一书记等参加乡村旅游扶贫专项技能培训，通过理论学习与实践考察培养一批乡村旅游规划师、工程师、技术员，打造一支“懂旅游、爱农村、会经营”的旅游扶贫队伍。③

（三）特色产业发展有支持

在政府引领下，凉山州积极推动“大凉山”特色旅游开发。由于地理和文化条件使然，凉山州充分利用本土特色资源，加快培育核桃、苦荞、桑茧、果蔬等优质生态农产品，大力开发民族服饰、漆器、彝绣等文化产品，并转化为特色旅游商品、旅游纪念品，壮大贫困地区的特色产业发展。截至2018年，已形成“大凉山特色旅游商品”19个大类，有力带动了当地贫困群众参与旅游产品供应链建设。

---

① 罗正琴.凉山彝族地区旅游精准扶贫现状及对策［J］.乡村科技，2020（3）.

② 四川省启动实施深度贫困地区1万名人才专项事业编制保障工程［EB/OL］. http://www.gov.cn/xinwen/2018-01/29/content_5261804.htm，2018-1-29.

③ 凉山州大力发展乡村旅游推进旅游扶贫［EB/OL］. http://www.mzb.com.cn/html/report/180722066-1.htm，2018-7-30.

此外，因凉山彝族地区独特的历史渊源，形成了较多丰富多彩的节庆活动，当地政府敏锐地抓住营销点，通过节庆活动带动当地旅游扶贫产业蓬勃发展，把节庆营销作为宣传推介旅游扶贫的重要载体，每年举办农事节庆、山水美景、民族（民俗）节庆等系列节庆活动 80 余个，并在节庆活动中有意识地开展旅游扶贫系列宣传推广活动，有效地提高了凉山州旅游减贫绩效。①

（四）扶贫资金监管有支持

为保证凉山州旅游扶贫工作顺利开展，政府部门严格把控项目实情，多措并举加大对旅游扶贫项目资金的监督管理。一是结合全州全域旅游发展规划、重点旅游项目建设、州委州政府重点工作、省旅游扶贫资金投向制定旅游扶贫专项资金项目年度计划，努力提高旅游扶贫项目的可行性、成效性。二是由凉山州旅发委党组成员成立 3 个工作小组，深入 17 个贫困县市开展专项旅游扶贫政策宣讲和业务指导，有的放矢地解决地方基层因不懂政策、不会操作而造成的项目停滞、资金闲置等问题。三是制定《旅游发展专项资金管理办法》，规范旅游扶贫资金管理，并会同州财政局、州审计局加强对旅游扶贫专项资金使用情况的监督检查，确保专款专用、资金运行安全；建立旅游扶贫专项资金月上报制度，以县市为单位如实上报上月底旅游扶贫资金执行进度情况，实时掌握资金运行动态。四是对全州所有县市进行拉网式排查，对旅游扶贫资金闲置未发挥效益的进行重新调整，对反映或暴露出的将乡村民宿达标户项目资金补助给非贫困户等苗头性问题逐一建立问题台账并细化整改方案，限时整改严防资金“跑冒滴漏”。②

---

① 凉山州大力发展乡村旅游积极推进旅游扶贫［EB/OL］. https://liangshan.scol.com.cn/rdxw/201807/56361711.html，2018-7-16.

② 凉山州多措并举加强旅游扶贫项目资金监管［EB/OL］. http://www.sc.gov.cn/10462/10464/10465/10595/2018/7/10/10454832.shtml，2018-7-10.

第二节 “志”“智”结合添动力

开展精准扶贫、精准脱贫，实现全民共同富裕，是党中央的重大决策部署。为此，习近平总书记多次强调，要注重扶贫同扶志、扶智相结合。扶志就是从思想观念、信心毅力和志气勇气方面帮助被帮扶者；扶智就是从文化水平、知识素养、智慧能力方面帮助被帮扶者。两者都是使外因与内因共同作用，在党和政府一系列帮扶政策的支持和引导下真正实现脱贫。在精准扶贫中，扶志是基石，扶智是路径。加快脱贫攻坚进度，要切实把扶志与扶智结合起来，不断提高脱贫攻坚精准度、持续性和有效性，增强贫困群体造血能力，清除扶贫攻坚路上的“拦路虎”和“绊脚石”，全力打赢脱贫攻坚战。凉山州践行习近平总书记提出的各大扶贫方针政策，坚持扶志与扶智相结合，为凉山州持续减贫奠定了良好的基础。

一、扶贫先扶“志” 扶贫必扶“智”

（一）扶贫先扶“志”

扶志就是把贫困户的思想、观念、志气扶起来，帮助他们树立自力更生的勇气。志穷则办法不多，志短则思想不立。倘若思想观念不改变，必然阻碍脱贫步伐，即便一时脱了贫、摘了帽也难免因观念落后而再度返贫。因此，扶志就要对准上述观念和心态进行靶向治疗和定点滴灌，让贫困户树立自信和斗志，让贫困居民彻底摆脱“等靠要”思想，拒绝“馋懒散”行为。在凉山州旅游减贫中，扶志是基石，发展旅游业需要的是旅游地区所有民众的共同努力。当贫困居民都树立了坚定的脱贫信念，将会自发寻找新的旅游发展机会，不再是单纯依靠景区门票等单一收入来减少贫困，而是在所有民众的共同努力下不断开辟新的旅游收入渠道从而增加经济收入，全力实现脱贫。

（二）扶贫必扶“智”

扶智就是强化贫困地区职业教育、科技文化和信息渠道建设，提升贫困群体文化素质、经营能力和创新意识，提高贫困户文化修养，增强贫困地区群众在生产、流通、交换和消费等诸多环节的话语权和主动权，更好地实现强农、惠农、富农。只有通过扶智增强贫困群众的“造血”能力，提高贫困户文化素养和职业技能，才能激发其脱贫攻坚内生动力，拔掉穷根、摘掉穷帽，真正实现脱贫致富。在凉山州旅游持续减贫中，最大的困难就是缺乏旅游发展的专业人才以及居民文化素质的不足。为此，需要兴办学校牢牢筑好教育基石，全面提高当地居民文化素养；开展技能培训，大力培养当地居民的养家技能，实现可持续增收；引进专业人才，指导引领旅游发展，做好旅游增收旅游减贫工作。要想真正做好凉山州旅游持续减贫、加快脱贫攻坚进度，就要将扶志与扶智结合起来，淡化贫民意识，树立脱贫观念，坚定致富信念，掌握发展方法，真正打赢脱贫攻坚战。

二、扶“志”须树立正确脱贫思想

（一）加强扶志教育、消除精神贫困

凉山州在脱贫攻坚战中，积极引导群众正确认识外部帮扶与自身努力的关系，培养困难群众的自力更生意识，引导其主动参与和学习旅游发展的知识及技能，拓宽旅游增收渠道，充分激发贫困群众内生动力。在教育内容上，持续推进社会主义荣辱观教育，宣传社会主义核心价值观，培养“人穷志不穷”“穷则思变”的理念。对于好逸恶劳、不愿脱贫的建档立卡贫困户等精神贫困户，通过严格标准、严肃要求、严格程序、深刻教育等方式对其进行引导，直至其转变思想观念。在教育方式上，借助村民代表大会、贫困户会议、乡村振兴课堂等载体进行党的减贫新路线、新方针、新政策等的宣扬。综合应用多方举措努力消除凉山居民的精神贫困，增强内在发展动力。

（二）树立脱贫典型、宣传攻坚典范

既要用好用活致富带头人讲述致富经和创业史，唱响脱贫攻坚主旋律从而形成示范效应；也要坚持正确舆论导向，总结推广典型事迹并给予相应物质和精神奖励从而营造扶贫的良好社会氛围。在凉山州旅游减贫中不断涌现出一批又一批充满志气和干劲的带头人，如抓住旅游契机开展特色餐饮住宿的居民、依靠互联网快速发展主动推广当地文化的居民、借助线上平台宣传与销售当地特色手工产品的居民等。这些脱贫典型人物的涌现为凉山旅游脱贫提供了很好的示范作用和带动作用。

（三）倡导旅游扶贫、转变发展观念

倡导普及旅游脱贫新思路，转变脱贫新观念。面向贫困居民大力普及旅游常识，让其认识旅游、了解旅游进而参与旅游开发接待。通过思想教育让贫困居民理解乡村旅游开发与农业生产不冲突、乡村旅游开发与生态环境保护不冲突，旅游是实现绿水青山向金山银山转化的重要方式。从而使贫困群众从心底里认可与接受，乃至主动去践行旅游减贫这一发展新理念，摒弃“等”“靠”“要”的错误观念，改变单纯依赖农业生产的单一脱贫观念，振奋贫困群众脱贫致富的精神风貌。

三、扶“智”须有新机以促发展

治贫先治愚。要确保脱贫攻坚实施效果，就要加大教育扶贫力度，提升贫困居民的综合素质技能。

（一）提升素质迎新机

百年大计，教育为本；国家兴盛，教育为先。教育是脱贫攻坚的强力抓手，是扶贫“造血”的根本途径，也是阻断贫困代际传递的有效方略。凉山州依靠旅游持续减贫，当地民众的文化素养提升是重要一环。为大力提升教

育水平，凉山州采取了系列措施，扩大教育规模、提升教育质量。凉山州把教育扶贫作为治本之策，全力改善办学条件，全面落实民族地区 15 年免费教育，自 2013 年以来累计安排国家财政性教育经费 604.62 亿元，州本级累计投入 86.3 亿元。创办“一村一幼”幼教点 3070 个、招收幼儿 11.5 万名，帮助彝区孩子从小养成良好习惯。凉山州政府部门大力推行“9+3”模式职业教育，依托新媒体技术、借助互联网实现网络课程共建，确保教育资源共享，让贫困地区孩子也能够享受到优质教育资源，帮助他们提高文化素质和未来就业能力。凉山州庞大的人口基数正通过教育水平的改善为未来发展提供人才储备。

（二）人才引进促发展

国以才立，业以才兴。随着凉山州旅游业规模的不断扩大，对于旅游高级人才的需求越来越大，但相对而言，凉山州中高级专业人才尤其匮乏，特别是外语导游、旅游景区与酒店的中高级管理人才等缺口更大，制约了凉山州旅游业的进一步发展。四川省为促进扶贫工作的有效进行，于 2016 年底启动实施了四川民族地区旅游人才培养引进五年行动。该行动围绕民族地区旅游产业发展和人才队伍建设，需要大规模开展旅游人才培训，积极引进旅游业发展亟需的紧缺型人才，着力造就一批留得住、用得上、叫得响的高素质旅游人才队伍。2017 年，凉山州成为五年行动首批项目实施的地方，项目包括旅游管理人员高端培训项目、旅游专家智力援助项目，批准 110 名旅游紧缺型专业人才作为培养对象，批准 24 名引进人才以及批准邛海景区作为旅游人才培养开发示范基地等。四川省政府的指导与支持为凉山州旅游业发展提供了强有力的智力支持①。

---

① 四川民族地区旅游人才培养引进五年行动首批项目享 3000 万元资助金［EB/OL］. http://local.newssc.org/system/20171113/002305799.htm，2017-11-13.

（三）传授技能增收入

在脱贫攻坚中要实现脱贫不返贫，就需要注重对当地贫困居民的生存技能培养，巩固脱贫成果。在精准扶贫中，凉山州充分了解贫困群众的需求，本着群众“需要什么培训什么，缺什么补什么”的原则有的放矢地打造了系列培训项目。

一是传授谋生技能，助力脱贫攻坚。在凉山州发展旅游业过程中不断传授民众发展旅游的知识，如组织居民学习餐饮住宿服务基础流程与规范、学习特色旅游手工产品的制作以及进行导游导览服务培训等。通过开展技能培训、技术竞赛、科学普及等技能提升活动，培养一批新型凉山州特色旅游人才。以贫困地区群众的就业能力提升拓宽转移就业渠道，为旅游业的发展提供充分的劳动力。

二是鼓励就业创业，带动整体脱贫。鼓励民众主动加入旅游发展合作，参与旅游产品加工及进行民俗艺术表演等，扩展旅游增收渠道。

凉山州为全力提升贫困民众技能，在全省首创“农民夜校”，组织群众学普通话、学政策、学法律、学技术，实现贫困村全覆盖，累计集中授课 7 万多场次、现场教学 3 万多场次、培训群众 245.2 万人次[①]，为打赢脱贫攻坚战提供了智力支持，充分激发群众自力更生、勤劳致富、脱贫奔小康的内在动力。2016 年，凉山州人力资源和社会保障局认真落实省委、省政府推进大小凉山彝区经济社会发展和扶贫攻坚 7 个方面 17 条支持措施中就业促进专项扶贫任务，积极响应州委、州政府全力精准扶贫、决战同步全面小康重大决策部署，将《凉山州就业技能培训扶贫专项方案》作为重大政治任务，建立由政府主导、人社部门牵头、各相关单位协作的工作协调机制，主动加强与州直相关责任单位和各县市的联系沟通，合力推进方案落地见效，促进贫困人口就业创业。同时，选定州内办学较好的技工院校、职业技术学校和

① 江凌 . 聚焦“四个好”走出幸福路 四川省凉山彝族自治州纪行［J］. 中国民族，2018（9）：88–93.

民办职业技能培训学校，为专项扶贫培训机构优选师资力量参与培训，以保证培训质量，精准设置了培训内容。着眼凉山“五大资源、九大支柱产业”，对彝族刺绣、电子电工、焊工、现代服务业、现代农业等领域进行培训[①]。民族刺绣与现代服务业技能培训为凉山州发展特色民俗旅游提供了现代化服务，也提供了强有力的专业劳动力支撑。

第三节　移风易俗绘新村

2018 年，全州彝族人口占总人口数比例达 51.4%。特殊的历史渊源和文化背景使得凉山州从奴隶社会到社会主义社会“一步跨千年”，由于社会制度跨越幅度大、社会发育程度低、农村传统文化根植较深，凉山州群众短时间内难以转变传统陈旧的民风民俗，给凉山精准脱贫增加了压力。因此，在进入 21 世纪以来，凉山州政府持续大力推行移风易俗变革，注重培育农村社会主义核心价值观，提升当地村民的健康文化素养，形成良好的社会风气。凉山州深挖传统陋习产生的根源，从改变农民思想观念入手，标本兼治，在推进移风易俗中开展了大量工作和积极探索。

一、制度规范要先行

（一）顶层设计要做好

改变落后传统习惯是一场艰巨的思想革命，为帮助贫困群众革除根深蒂固的传统陋习，凉山州出台了一系列文件制度和村规民约，以促使贫困群众摒弃陈规陋习，培育良好的乡风民风。在州级层面，2014 年，凉山州委、州政府出台《关于印发〈巩固和深化彝区健康文明新生活运动宣传方案〉的

① 凉山州多措并举推进就业技能培训扶贫工作［EB/OL］. http://www.sc.gov.cn/10462/10464/10465/10595/2016/12/13/10407382.shtm，2016-12-13.

通知》(凉宣发〔2014〕29 号);[①]2017 年通过编制《凉山州“十三五”脱贫攻坚规划》为凉山脱贫攻坚指明了方向和路径，瞄准特殊贫困问题编制了《凉山州脱贫攻坚特殊问题专项规划》，进一步明确了要优先解决“极度贫困村”“移风易俗”和“禁毒防艾”三大特殊贫困问题;[②]2019 年制定《凉山州关于广泛开展移风易俗倡树文明新风主题教育实践活动的工作方案》(凉委办〔2019〕49 号)，州委主题教育领导小组制定《关于移风易俗突出问题整治工作方案》，在全州范围内开展移风易俗活动；此外，凉山州还出台了《关于开展破除大操大办、高价婚姻、薄养厚葬、酗酒赌博、迷信活动等陈规陋习专项整治的实施方案》，重点规范存在的礼金、聘金、宰杀牛羊数量超标等问题。

(二) 建设目标要清晰

在推进移风易俗工作中加强组织领导，落实工作责任，试点开展“四好”达标创建，引导群众参与“三建四改五洗”，建成州级“四好”村 592 个、县(市)级“四好”村 800 个;[③]建立了“党委领导、政府负责、部门协同、公众参与、法治保障”的推进移风易俗工作机制；成立了移风易俗工作领导小组，由民政部门发挥牵头抓总作用，公安部门加大巡查力度，乡镇政府作为第一责任人精准落实，分管领导明确责任义务、加大宣传力度、建立长效机制，各部门各司其职、各尽其责，统筹协调、齐抓共管、形成合力，为移风易俗提供坚强保障。[④]

---

① 申秋红 . 四川省凉山州移风易俗实践探索［J］. 人口与健康，2020(1).

② 领导谈民生丨凉山州“四治并举”抓脱贫攻坚［EB/OL］. http://www.msweekly.com/show.html?id=84228，2017-4-5.

③ 领导谈民生丨凉山州“四治并举”抓脱贫攻坚［EB/OL］. http://www.msweekly.com/show.html?id=84228，2017-4-5.

④ 申秋红 . 四川省凉山州移风易俗实践探索［J］. 人口与健康，2020(1).

（三）基层行动须落实

在村级层面，全州各村结合当地实际，坚持问题导向，认真修订完善村规民约，有的放矢地开展陋习革命。例如：将勤俭节约办理红白事宴、反对天价彩礼和婚丧大操大办、婚嫁彩礼限额、节制宰杀牛羊等纳入村规民约。目前，全州已有 3637 个村修订完善了村规民约，全州 78% 的村庄已初步建立 2632 个红白理事会或类似组织，有力促进了移风易俗，是彝族新村新面貌建设的重要举措，进一步助力全州旅游脱贫攻坚。①

二、优秀文化有引领

（一）家支文化须重视

家支制度是凉山彝族传统社会组织的基本单位，也是当下彝族基层社区的运作机制，长久以来，家支活动中融入了彝族道德、宗教、谱系、经济和教育等文化机制，形成了彝族特有的家支制度文化体系。② 从历史而言，家支是在资源竞争环境中形成的，彝族涉及的利益共同体及在与自然作斗争过程中形成的命运共同体，从本质上应当是人类社会的一种生存模式。至今为止，彝族家支在一定程度上仍然以非主流文化的形式在当地社会中处于支配地位。长期以来，对凉山彝区群众的人生观、价值观、道德观产生不可替代的影响。因此，凉山州充分利用彝族各等级家支的社会政治影响、群族认同、文化认同等约束力量倡导贫困地区群众移风易俗。

（二）文化引领立典型

凉山彝族地区在禁毒工作中采纳家支传递社会文化的功能，进行毒品危害的宣传指导工作；通过家支内部团结互助，鼓励支持家支吸毒成员进行戒

① 申秋红 . 四川省凉山州移风易俗实践探索［J］. 人口与健康，2020（1）.
② 吴桃 . 论凉山彝族“家支”制度文化［J］. 人民论坛：中旬刊，2013（1）.

毒等，取得良好成效。[1] 近年来，在政府政策和组织引导下，彝族家支主动担当起破除陈规陋习、移风易俗、乡风文明的领头羊和引路人责任，通过召开家支会议将移风易俗的思想观念灌输给彝族群众，向他们宣传移风易俗对他们脱贫致富、建设新村的重要作用。通过家支会议和家支长者的教导作用，能极大降低彝族群众工作的难度和阻力，对促进凉山片区改变不良习俗具有重要推动力。[2]

三、宣传培训有思路

全面开展移风易俗是一个漫长的过程，在政府和制度的有力推动下，凉山州通过各种形式引导教育群众移风易俗、摒弃陈规陋习、拒绝铺张浪费、破除封建迷信、简化红白喜事、培育新风正气，从思想层面激发群众自力更生、勤劳致富、脱贫奔小康的内生动力。为此，凉山州还有效利用网络平台将移风易俗之风吹进贫困村庄，利用《凉山日报》、凉山广播电视台、凉山彝州新闻网和《凉山城市新报》等州级主要新闻媒体，在黄金时间段播放有关部门开展巩固和深化彝区健康文明新生活运动的工作情况和取得的成效，为移风易俗营造良好的社会环境，并利用微博、微信、QQ 等自媒体平台多渠道、多形式、多角度地为移风易俗拓展宣传覆盖面。同时，主题教育实践活动、农民夜校、餐饮行业食品安全知识普及、教育扶贫、讲好凉山脱贫攻坚故事文学培训会、驻村干部示范培训班等，都成为移风易俗宣传培训的重要载体。

---

① 罗永富．论凉山彝族家支制度对当地禁毒工作的影响［J］．红河学院学报，2019，17（2）．

② 申秋红．四川省凉山州移风易俗实践探索［J］．人口与健康，2020（1）．

第四节　设施配套助发展

“九层之台，起于垒土。”对地方经济社会发展与旅游产业而言，基础设施与旅游基层设施建设无疑是地方赖以生存和发展的基本条件。根据相关统计，2019 年，凉山州全州接待游客 4883.7 万人次，实现旅游总收入 530.21 亿元，同比分别增长 5%、21.42%，文化旅游产业持续保持两位数增长良好态势[①]。做到了旅游持续增收与持续减贫，出现这一良好势头与凉山州大力加强旅游基础设施建设、完善旅游服务体系、大力推行全域旅游、发展特色民俗旅游以及大力推行“互联网 + 旅游”等工作密不可分。凉山州在发展旅游业中对基础设施的大力建设是旅游业持续发展的坚实基础，也是旅游减贫的重要支撑。

一、吃住舒心体验佳

“吃”“住”作为旅游两大要素，其重要性不言而喻。吃、住是旅游者出门在外所需要满足的基本生活条件，只有满足了消费者最基本的需求，才可以更进一步满足他们的其他需求，给他们带来良好的旅游体验。凉山州在加大旅游基础设施建设时也充分意识到了餐饮与住宿业建设的重要性，大力建设符合当地文化、展现当地特色的水、电、气以及设施设备齐全的乡村客栈、民宿及乡村酒店，做到餐饮特色吸引人、住宿舒适留住人。

凉山州在脱贫攻坚期间为发展高质量、有特色的餐饮做出了实际行动，大力建设具有彝族文化特色的美食产品，不断完善餐饮配套基础设施，如大力宣传发展西昌火盆烧烤、烤乳猪、乌洋芋和营养野生菌等。如今正式接受过餐饮专业技能培训的就业人员有数千人，在餐饮产品开发上将现代游客的

① 凉山州文化旅游产业发展欣欣向荣［EB/OL］. http://www.yizuren.com/social/yxfz/39378.html，2020-1-18.

美食需求与凉山地域文化、本土食材等相结合，给游客愉快难忘的凉山州美食体验，提高游客的旅游满意度。以良好的口碑宣传效应以及高品质美食展现出凉山州的地域风采，进一步促进了凉山州旅游业的发展，增加了当地旅游收入，带动了居民增收减贫。

凉山州为促进旅游持续减贫，不断完善旅游配套住宿基础设施的建设，在通水、通电、通气以及通网方面加大了投资力度。通过不断增加投资规模，提高凉山贫困地区旅游接待能力，增加贫困居民的就业机会。在鼓励凉山本地居民利用自家住房改造乡村客栈、旅社进行旅游接待的同时，政府通过招商引资优化凉山住宿产品结构，输入先进管理理念。例如，2018年成都环球世纪会展旅游集团与洲际酒店集团合作，计划将于 5 年内在西昌市至少开发 3 家酒店，聘请洲际酒店集团进行管理运营，洲际酒店集团将高星级酒店引入凉山州①。同时，凉山州注意加强对酒店宾馆从业人员的专业培养与培训，尤其是注重对贫困人口的酒店从业技能培训和旅游接待培训。

二、交通通达出行便

交通对于旅游犹如血脉对于骨骼。良好的可进入性是旅游业发展的基础，因为旅游景观吸引力不仅来自其自身的旅游美学价值也来自可进入性②。

凉山旅游资源得天独厚，历史文化灿烂悠久，民族风情异彩纷呈。为促进凉山州的持续脱贫，国家发改委办公厅、文化和旅游部办公厅印发《“三区三州”等深度贫困地区旅游基础设施提升工程建设方案》，提出到 2020 年支持一批“三区三州”等深度贫困地区的旅游基建投资项目，建设提高凉山州等地的可进入性和接待能力③。目前，凉山已建成成昆铁路线、雅攀高速、

---

① 成都环球世纪会展旅游集团与洲际酒店集团西昌项目战略合作协议签订仪式举行［EB/OL］. http://www.lsz.gov.cn/jrls/tpxw/201808/t20180827_1213640.html，2018-8-27.

② 耿选珍 . 浅析凉山州旅游业发展现状［J］. 中国商贸，2012（2）.

③《“三区三州”等深度贫困地区旅游基础设施提升工程建设方案》发布［EB/OL］. https://finance.sina.com.cn/roll/2018-10-23/doc-ihmuuiyw3418503.shtml，2018-10-23.

青山机场，州到县三级以上公路全面畅通建制，村公路通达率、通硬化路率分别达 99.9%、64.2%，公路总里程 2.7 万公里，西昌青山机场通航城市达 13 个[①]。目前，已初步建立以雅攀高速公路为龙头、108 国道为重点、省道为骨干、通往景区景点为网络的旅游交通体系[②]。凉山州旅游交通通达性的提升，极大缩短了凉山州与成渝等旅游客源地的时间距离。

三、游览配套设施全

凉山州在发展旅游业时十分注意景区内外配套基础设施的建设，在游览方面给消费者最好的体验。首先，大力加强游客集散中心的建设以及提升旅游接待人员的专业素养，增加景区专业导游数量，给游客留下良好的第一印象。其次，凉山州注重景区内外部游览设施配套。"十三五"时期，不断完善景区内部停车场建设、建设清晰明确的指引标识牌、进行凉山州"厕所革命"、改善景区环境卫生、加强景区游乐设施设备的建设，全方位营造游览便利、出行顺畅、接待以及配套服务设施齐全的凉山州旅游目的地。

四、网络普及拓渠道

在互联网迅速兴起的背景下，中国网络用户日益增加，互联网与旅游的结合使越来越多的游客出行选择在网络平台进行线上预订，包括景区门票预订、交通出行预订以及酒店住宿预订等。凉山州也十分重视互联网技术在旅游扶贫中的普及与运用，不断加大投资力度建设网络基础设施。凉山州通过与各大通信运营商深入合作，增加移动信号基站建设，努力做到村村有信号，消除信息孤岛，为旅游业的进一步发展奠定良好的通信基础。

同时，凉山州紧随时代潮流，通过与线上旅行平台的合作不断拓宽营销渠道。鼓励民众抓住短视频兴起的热潮积极进行网络直播或拍摄短视频，宣

---

① 凉山处处是新颜［EB/OL］. http://lswhli.com/index.php?a=shows&catid=5&id=84，2019-5-27.

② 黄静思 . 西部县域旅游资源整合及开发研究［D］. 四川师范大学，2010.

传凉山州的秀美风光，鼓励当地民众积极发展电商事业，通过电商平台销售旅游特色产品等。凉山州旅游扶贫借助“互联网 +”的力量正迈向新的发展阶段。

五、娱乐多样增特色

娱乐作为旅游要素中的最后一个因素，很多地方在发展旅游业时不够重视，导致旅游目的地趣味性不足，特色性缺失，最后沦为无人问津的“旅游空城”。由此可见，娱乐在旅游消费者心目当中的重要性。凉山州深谙这一道理，在打造凉山州特色娱乐旅游项目上下足了功夫，多方位打造不同主题特色的旅游娱乐项目，增加旅游者的出行兴趣，展现凉山州的特色。远近闻名的凉山彝族火把节节庆旅游项目是凉山旅游的特色之一，除此之外，凉山州还挖掘了各具特色的娱乐项目，如安哈民俗节、西乡葡萄节等果园采摘旅游，螺髻山、泸山等山水旅游以及自行车赛、划水锦标赛等健身旅游，西昌航天科考探险旅游以及悬崖村等乡村生态旅游[①]。

这些各具特色且形式多样的凉山州旅游活动不仅使凉山州旅游市场更加丰富与活跃，展现了凉山州的独特魅力，还增加了凉山州的社会效益和经济效益。“大凉山特色旅游商品”品牌效应初显，同时，旅游扶贫工程成效显著，建成省级旅游扶贫示范区 3 个，建成旅游扶贫示范村 29 个，建成民宿达标户 246 户，举办乡村旅游节庆 80 余次，建成乡村旅游特色业态经营点 57 个。旅游产业惠及农民群众 14.61 万人，直接带动 12000 余户群众增收和脱贫[②]。

经验表明，旅游业和脱贫攻坚结合在一起大有可为、成果显著，大力发展凉山州旅游不仅可以吸纳劳动力就近就业，还能通过旅游把凉山优美的环

---

① 陈懿 . 民族地区节庆旅游现状分析——以凉山彝族自治州为例［J］. 旅游纵览（下半月），2018（5）.

② 凉山加快推动文旅强州建设 力争 2021 年文化旅游产值超千亿［EB/OL］. http://www.cntour2.com/viewnews/2019/06/13/A1rJqBp9DxxR6sWByWJx0.shtml，2019-6-13.

境与浓郁的文化展现给各地游客，实现绿水青山向金山银山的转化。

第五节 居民参与夯治理

旅游社区居民在旅游空间中承担了多重角色，既是旅游资源的拥有者，又是不可或缺的旅游引导者，更是不可忽视的旅游利益相关者。居民自主参与旅游发展是实现旅游减贫的内生动力，能有效促进凉山州地区旅游业的健康可持续发展。居民参与旅游发展是在旅游发展过程中以社区居民为中心，充分行使其主体地位和话语权，保障贫困居民的利益最大化。社区参与旅游发展是指在旅游发展涉及的决策、开发、规范、管理、监督等环节中将居民作为开发主体和参与主体，充分考虑居民的意见和需要，以保证旅游可持续发展和社区发展。[①]

一、保护原生态文化资源

凉山彝族自治州作为少数民族聚居区，拥有较多的口头传统、表演艺术、民俗活动、礼仪节庆、传统手工艺等文化遗产，是凉山州旅游开发所依赖的重要资源。近年来，凉山州大力推进民族文化资源传承保护工作，立足文化旅游资源优势大力发展文化旅游产业，加快创建国家旅游创新发展先导区和世界彝族文化中心。[②]凉山州政府通过制定条例和组织活动积极引导社区居民参与文化旅游资源的保护和利用。为保护非物质文化遗产、传承和弘扬优秀民族民间文化，2010 年，凉山彝族自治州出台《凉山彝族自治州非物质文化遗产保护条例》，明确指出非物质文化遗产保护的原则是：政府主

---

① 保继刚，孙九霞．社区参与旅游发展的中西差异［J］．地理学报，2006（4）．

② 四川省凉山州大力推进民族文化资源传承保护工作［EB/OL］．https://www.sohu.com/a/217041668_543955，2018-1-16.

导、社会参与、抢救保护、合理利用、传承发展。[①]2019 年举行的“文化和自然遗产日”非遗进景区活动充分展示了凉山州非物质文化遗产及其保护成果，培养了广大人民群众保护、传承优秀民族文化的文化自觉。[②]

此外，凉山州通过调动社区居民参与旅游发展，以增强居民对传统文化的价值认知，进而实现对本土原生态文化资源的有效保护和世代传承。当地居民通过参与民俗节庆表演将当地文化传播给游客，能够在一定程度上获得外界对当地民俗文化、自然资源和历史文化价值的认可，充分体现社区居民主人翁的角色地位，增强社区居民的民族自豪感和文化认同感，有助于居民树立文化保护意识，促进旅游产业可持续发展，有效保障凉山州旅游减贫成效。[③]

二、重视非正式组织引领

在民族地区由地缘、血缘而产生的非正式组织普遍存在，组织内部及组织成员间的关系支配影响着居民的生产、生活、交换等活动，由此形成的非正式制度也是族群居民发自内心所遵从和维持的。非正式制度对凉山州居民复杂的社会关系起到了较好的约束作用，具有潜在性和基础性的资源配置功能。家庭、宗族发挥着独立于国家政权组织之外的治理作用，有效地维持着底层社会的“小秩序”。在探寻和发展新事物时，居民更容易接受与其传统价值观念和组织形式相似的因素并参与其中。

凉山州政府在旅游减贫过程中始终高度重视非正式组织的作用，将其作为引领居民参与旅游发展实践最可借用的资源。例如，泸沽湖旅游社区在参与旅游接待的过程中，“家屋”作为摩梭族群中社会运作的基本单位可谓功不可没，在参与各项公众活动时，摩梭人认为“家屋”的声誉与威望比个人

---

① 凉山州人大：《凉山彝族自治州非物质文化遗产保护条例》[EB/OL]. https://www.chinesefolklore.org.cn/web/index.php?NewsID=7325，2010-7-6.

② 非遗文化丨非遗进景区 我州开展非物质文化遗产宣传展示活动[EB/OL]. https://baijiahao.baidu.com/s?id=1636116606122107748&wfr=spider&for=pc，2019-6-12.

③ 孙颖玲. 四川凉山彝族自治州社区参与旅游探析[J]. 环球市场，2015（5）.

在公众领域的声誉和威望更重要，因而在引导社区居民参与旅游发展中能立竿见影地发挥“家屋效应”。此外，在以“家屋”为基本单位的基础上由旅游社区村民委员会出台和制定了一系列分享旅游资源、规范旅游从业者行为的村规民约，构建了极具地方特色且执行成本较低的旅游参与体制。当社区参与旅游制度嵌入了传统习俗和非正式组织时，能在一定程度上补充、说明、支持非正式组织与正式制度两者相辅相成，保障贫困旅游地区弱势群体利益，并促进居民参与旅游机制长效稳固。[①]

三、开展居民教育和培训

一方面，旅游地居民是旅游发展的主体，并对旅游开发过程中涉及自身利益的决策享有参与权和决议权；另一方面，旅游地居民的参与能力较为薄弱，在旅游参与过程中始终面临一定障碍，从而限制了居民的参与空间。为此，凉山州政府通过组织贫困居民参加劳动技能培训和传授适应本土文化的管理和经营理念等方法来增强居民产业参与能力、提高农村教育水平、提升村民自治能力，让贫困居民更好地参与到社区旅游发展的决策当中，真正实现社区旅游参与的自主性，实现旅游可持续减贫。例如，为推进全州乡村旅游发展，提高旅游从业人员的综合素质和服务水平，全面推进精准扶贫精准脱贫工程，2016 年 11 月 7 日至 12 日，由凉山州旅游局、四川省旅游学校在西昌市及西昌安哈镇、冕宁建设村等地联合举办了“全州乡村旅游暨旅游扶贫培训班”，包括乡村旅游经营业主和有意从事乡村旅游就业的群众共 300 余人参加了现场培训，主要包括乡村旅游发展模式与新趋势和新业态，乡村旅游礼仪与服务规范，乡村旅游酒店、民宿、民舍建设与运营管理，乡村旅游食品卫生与安全，农（彝）家乐菜品研发，乡村旅馆环境布置与氛围营造、餐饮及客房规范操作流程等丰富多彩、紧贴实际的内容，由此提高居

---

① 王汝辉．文化模式影响社区参与旅游制度选择的传导机制研究——以泸沽湖摩梭社区为例［J］．云南师范大学学报（哲学社会科学版），2010，42（3）．

民旅游参与能力，从而实现旅游减贫目的。[①]

虽然社区参与旅游发展涉及的主体纷繁复杂，但是社区居民才是旅游减贫中最核心的利益主体。旅游减贫战略实施的最终目标就是要使社区居民切身参与到旅游发展活动中来并从中获益，因此，社区居民参与旅游发展是旅游减贫实践由“输血”到“造血”转变的关键。

第六节　本章小结

消除贫困、改善民生是中国共产党治国理政的重要使命。党的十八大以来，以习近平同志为核心的党中央高度重视扶贫工作，把扶贫开发摆到更加突出的位置，大力推进精准扶贫、精准脱贫，扶贫开发事业取得新的显著进展。中国从实际国情出发，积极借鉴其他国家有益经验，成功走出一条中国特色扶贫开发道路。实践表明，脱贫攻坚没有统一的模式，需要因地制宜、因时制宜。习近平总书记指出：“要紧紧扭住发展这个促使贫困地区脱贫致富的第一要务，立足资源、市场、人文旅游等优势，因地制宜找准发展路子。”《乡村旅游扶贫工程行动方案》提出：“‘十三五’期间力争通过发展乡村旅游带动全国 25 个省（区、市）、2.26 万个建档立卡贫困村、230 万贫困户、747 万贫困人口实现脱贫”，旅游扶贫已经成为新时期脱贫攻坚的重要力量。

在凉山州脱贫攻坚战中，凉山州立足自身民族文化资源和生态资源优势，着力打造中国西部旅游扶贫示范区。本章在前述旅游扶贫实证案例基础上，结合国家脱贫攻坚政策与凉山州旅游扶贫经验做法，总结归纳了 5 条旅游减贫路径。第一是政府发挥好领导带头作用，明确脱贫攻坚方向，制定旅游减贫相关政策与制度，为促进旅游减贫提供强有力的制度保障。第二是坚

① 凉山州举办乡村旅游培训助推精准扶贫［EB/OL］. http://www.sc.gov.cn/10462/10464/10465/10595/2016/11/18/10404414.shtml，2016-11-18.

持扶“志”与扶“智”相结合，在思想上转变当地民众的落后、懒惰、不作为观念，激发贫困群众自我发展的内生动力，消除精神贫困。同时，加强凉山州教育事业的发展，提供全面技能培训，帮助当地居民获取就业技能，寻找致富方法与生财之道，用“志”“智”结合的方法从根源斩掉穷根，从方法上提供收入保障，全面实现凉山州高质量可持续减贫。第三是坚持移风易俗，革除贫困群众根深蒂固的传统陋习，建设和谐文明的凉山州美丽乡村，形成良好社会风气，用看得见的变化增强当地居民决胜脱贫攻坚的信心。第四是大力加强基础设施的建设，用完备齐全的基础设施支撑凉山州旅游业的不断发展，只有基础设施建设到位，凉山州所具有的独特旅游资源才能被外界发现，才能让消费者走进来、让凉山州旅游走出去，为当地民众提供更多就业以及创业机会。第五是鼓励居民共同参与脱贫攻坚与旅游发展，当地居民是凉山州旅游业发展的主体，要发展好凉山州旅游业，实现旅游持续减贫，当地居民的参与必不可少，共同为实现脱贫做出自己的努力，在旅游发展中发挥主人翁意识，积极参与治理，确保凉山州旅游发展的质量与可持续。

总之，旅游减贫是凉山州脱贫攻坚必不可少的减贫策略。虽然截至2020年底凉山州所有贫困县均已摘帽，但在消除绝对贫困之后旅游产业在减缓相对贫困、促进凉山州乡村振兴等方面仍将持续发挥重要积极作用。随着旅游市场消费升级、减贫政策重心的转变，旅游减贫的实践也将发生新的变化。这都有赖于未来对凉山州的旅游减贫进行持续关注和深入的研究。

参考文献

［1］习近平 . 把乡村振兴战略作为新时代“三农”工作总抓手［J］. 求是，2019（11）.

［2］顾保国，林岩 . 文化振兴：夯实乡村振兴的精神基础［M］. 郑州：中原农民出版社，2019.

［3］张文 . 旅游影响——理论与实践［M］. 北京：社会科学文献出版社，2009.

［4］阿克鸠射 . 悬崖村［M］. 北京：天地出版社，2019.

［5］郭红军 . 实施乡村振兴战略的重大现实意义［N］. 光明日报，2018-7-13（6）.

［6］魏后凯 . 把握乡村振兴战略的丰富内涵［N］. 人民日报，2019-2-28（9）.

［7］白骅 . 凉山“悬崖村”吹响文旅扶贫“集结号”［N］. 中国旅游报，2018-1-17.

［8］王明峰 . 乡亲们过上“四好”新生活［N］. 人民日报，2017-9-5（11）.

［9］蔡莉英 . 凉山州开展移风易俗助力脱贫攻坚的经验与启示［J］. 西昌学院学报（社会科学版），2021，33（1）.

［10］袁馗，华云，蔡成斌，张荆 . 民族地区脱贫攻坚长效机制构建研究——以凉山州西昌市为例［J］. 中共四川省委党校学报，2020（3）.

［11］高静，武彤，王志章 . 深度贫困地区脱贫攻坚与乡村振兴统筹衔接路径研究：凉山彝族自治州的数据［J］. 农业经济问题，2020（3）.

［12］周燕．精准脱贫视域下新型职业农民培育面临的问题与对策——以四川省凉山彝族自治州为例［J］．西昌学院学报（社会科学版），2019，31（1）．

［13］夏鹤傢，宋德福．以发展旅游为载体助推小凉山地区精准脱贫［J］．中共乐山市委党校学报，2016，18（5）．

［14］张春美，黄红娣，曾一．乡村旅游精准扶贫运行机制、现实困境与破解路径［J］．农林经济管理学报，2016，15（6）．

［15］陈秋华，纪金雄．乡村旅游精准扶贫实现路径研究［J］．福建论坛（人文社会科学版），2016（5）．

［16］银元，李晓琴．乡村振兴战略背景下乡村旅游的发展逻辑与路径选择［J］．国家行政学院学报，2018（5）．

［17］董法尧，陈红玲，李如跃，吴建国．西南民族地区民族村寨旅游扶贫路径转向研究——以贵州西江苗寨为例［J］．生态经济，2016，32（4）．

［18］李志龙．乡村振兴—乡村旅游系统耦合机制与协调发展研究——以湖南凤凰县为例［J］．地理研究，2019，38（3）．

［19］郎富平，杨眉．社区居民对乡村旅游的态度感知分析［J］．中国农村经济，2006（11）．

［20］张树民，钟林生，王灵恩．基于旅游系统理论的中国乡村旅游发展模式探讨［J］．地理研究，2012，31（11）．

［21］马勇，赵蕾，宋鸿，郭清霞，刘名俭．中国乡村旅游发展路径及模式——以成都乡村旅游发展模式为例［J］．经济地理，2007（2）．

［22］郭华，杨玉香．可持续乡村旅游生计研究综述［J］．旅游学刊，2020，35（9）．

［23］唐健雄．乡村旅游的民生效应探讨［J］．旅游学刊，2010，25（9）．

［24］黄震方，黄睿．城镇化与旅游发展背景下的乡村文化研究：学术争

鸣与研究方向［J］. 地理研究，2018，37（2）.

［25］邓小海，肖洪磊. 从脱贫攻坚到乡村振兴：乡村旅游转向研究——以贵州省为例［J］. 湖北民族大学学报（哲学社会科学版），2020，38（5）.

［26］刘楝子. 乡村振兴战略的全域旅游：一个分析框架［J］. 改革，2017（12）.

［27］赵华，于静. 新常态下乡村旅游与文化创意产业融合发展研究［J］. 经济问题，2015（4）.

［28］于秋阳，冯学钢. 文化创意助推新时代乡村旅游转型升级之路［J］. 旅游学刊，2018，33（7）.

［29］沈费伟. 传统乡村文化重构：实现乡村文化振兴的路径选择［J］. 人文杂志，2020（4）.

［30］阿洛秀英. 基于精准扶贫的大小凉山彝区乡村健康文明教育研究［J］. 西昌学院学报（社会科学版），2020，32（1）.

［31］龙文军，张莹，王佳星. 乡村文化振兴的现实解释与路径选择［J］. 农业经济问题，2019（12）.

［32］张挺，李闽榕，徐艳梅. 乡村振兴评价指标体系构建与实证研究［J］. 管理世界，2018，34（8）.

［33］李鲁，李剑芳，钱力. 深度贫困地区乡村振兴评价指标体系构建与实证研究——以安徽省大别山连片特困地区为例［J］. 北京化工大学学报（社会科学版），2019（2）.

［34］张雪，周密，黄利，赵晓琳. 乡村振兴战略实施现状的评价及路径优化——基于辽宁省调研数据［J］. 农业经济问题，2020（2）.

［35］郭鲁芳，李如友. 旅游减贫效应的门槛特征分析及实证检验——基于中国省际面板数据的研究［J］. 商业经济与管理，2016，35（6）.

［36］李会琴，侯林春，杨树旺，等. 国外旅游扶贫研究进展［J］. 人文地理，2015，30（1）.

[37] 周歆红 . 关注旅游扶贫的核心问题 [J]. 旅游学刊，2002，16（1）.

[38] 吴易风，朱勇 . 内生增长理论的新发展 [J]. 中国人民大学学报，2000，14（5）.

[39] 朱勇，吴易风 . 技术进步与经济的内生增长——新增长理论发展述评 [J]. 中国社会科学，1999，19（1）.

[40] 刘伟，范欣 . 现代经济增长理论的内在逻辑与实践路径 [J]. 北京大学学报（哲学社会科学版），2019，56（3）.

[41] 何琼峰，宁志中 . 旅游精准扶贫助推贫困地区乡村振兴的思考 [J]. 农业现代化研究，2019，40（5）.

[42] 方劲 . 内源性农村发展模式：实践探索、核心特征与反思拓展 [J]. 中国农业大学学报（社会科学版），2018，35（1）.

[43] 胡鞍钢，李春波 . 新世纪的新贫困：知识贫困 [J]. 中国社会科学，2001，21（3）.

[44] 朱春奎，严敏，曲洁 . 包容性增长的由来与理论要义 [J]. 东岳论丛，2012，33（3）.

[45] 蔡荣鑫 ."包容性增长"理念的形成及其政策内涵 [J]. 经济学家，2009，20（1）.

[46] 陈华，张梅玲 . 包容性增长：理论、演进及中国的路径选择 [J]. 管理现代化，2011，30（1）.

[47] 李如友，郭鲁芳 . 旅游减贫效应之辩——一个文献综述 [J]. 旅游学刊，2017，32（6）.

[48] 姜辽，苏勤，杜宗斌 . 21 世纪以来旅游社会文化影响研究的回顾与反思 [J]. 旅游学刊，2013，28（12）.

[49] 王子新，王玉成，邢慧斌 . 旅游影响研究进展 [J]. 旅游学刊，2005，20（2）.

[50] 匡林 . 关于旅游乘数理论的几个问题 [J]. 华侨大学学报（社会

科学版），1996，13（3）.

［51］郭舒 . 基于产业链视角的旅游扶贫效应研究方法［J］. 旅游学刊，2015，30（11）.

［52］赵磊，张晨 . 旅游减贫的门槛效应及其实证检验——基于中国西部地区省际面板数据的研究［J］. 财贸经济，2018，39（5）.

［53］杨德进，白长虹 . 我国旅游扶贫生态效率的提升路径［J］. 旅游学刊，2016，31（9）.

［54］余利红 . 基于匹配倍差法的乡村旅游扶贫农户增收效应［J］. 资源科学，2019，41（5）.

［55］钟甫宁，何军 . 增加农民收入的关键：扩大非农就业机会［J］. 农业经济问题，2007，27（1）.

［56］陈希勇 . 山区产业精准扶贫的困境与对策——来自四川省平武县的调查［J］. 农村经济，2016，33（5）.

［57］黄渊基，熊曦 . 民族地区旅游业发展与居民减贫关联研究——基于民族八省区面板数据的实证研究［J］. 城市发展研究，2018，25（9）.

［58］李佳，钟林生，成升魁 . 中国旅游扶贫研究进展［J］. 中国人口·资源与环境，2009，19（3）.

［59］常慧丽 . 生态经济脆弱区旅游开发扶贫效应感知分析——以甘肃甘南藏族自治州为例［J］. 干旱区资源与环境，2007，21（10）.

［60］凉山州昭觉县人民政府 . 一年蝶变“悬崖村”［EB/OL］.http://www.zhaojue.gov.cn/rdtj_5769/201902/t20190212_1006006.html，2019-2-12.

［61］凉山州人民政府门户网站 . 盐源县“新”起点上造“兴”城［EB/OL］. http://www.lsz.gov.cn/jrls/gzdt/xsdt/201911/t20191104_1378147.html，2019-11-4.

［62］四川古村落数据库 . 凉山盐源县舍垮村［EB/OL］. http://baike.sc.xinhuanet.com/town/a/383.htm，2018-10-31.

［63］盐源县政府 . 盐源县立足“旅游 + 扶贫”助推泸沽湖景区脱

贫攻坚［EB/OL］.http://www.lsz.gov.cn/ztzl/rdzt/tpgjzt/xsgz/yyx/201804/t20180403_1186920.html，2018-4-3.

［64］中国新闻报．泸沽湖景区依托摩梭文化资源“旅游＋扶贫”模式效果显著［EB/OL］. http://www.sc.chinanews.com/szjj/2018-03-08/81586.html，2018-3-8.

［65］Ashley C., Mitchell J. Tourism and poverty reduction: Pathways to prosperity［M］. Taylor & Francis, 2009.

［66］Sofield T. D. L. T., Lipman G. Sustainable Tourism Eliminating Poverty（ST- EP）: An Overview［J］. Gold Coast: Sustainable Tourism CRC, 2004.

［67］Chok S., Macbeth J., Warren C.. Tourism as a Tool for Poverty Alleviation: A Critical Analysis of 'Pro-Poor Tourism' and Implications for Sustainability［J］. Current Issues in Tourism, 2007, 10（2-3）.

［68］Zhao W., Ritchie J. R. B. Tourism and Poverty Alleviation: An Integrative Research Framework［J］. Current Issues in Tourism, 2007, 10（2）.

［69］Romer, Paul M. The Origins of Endogenous Growth［J］. Journal of Economic Perspectives, 1994, 8（1）.

［70］Justin L. Development strategy, viability, and economic convergence［J］. Economic Development and Cultural Change, 2003, 51（2）.

［71］Croes R., Vanegas M. Tourism and poverty alleviation: a co-integration analysis［J］. Journal of Travel Research, 2008, 47（1）.

［72］Truong V. D., HALL C. M., Garry T. Tourism and poverty alleviation: perceptions and experiences of poor people in Sapa, Vietnam［J］. Journal of Sustainable Tourism, 2014, 22（7）.

［73］Scheyvens R. Exploring the Tourism-Poverty Nexus［J］. Current Issues in Tourism, 2007, 10（2-3）.

［74］Novelli M., Hellwig A. The UN Millennium Development Goals, tourism and development: the tour operators' perspective［J］. Current Issues in Tourism,

2011, 14（3）.

［75］Sharpley R. Tourism and development challenges in the least developed countries: the case of The Gambia［J］. Current Issues in Tourism, 2009, 12（4）.

［76］Manyara G., Jones E. Community-based Tourism Enterprises Development in Kenya: An Exploration of Their Potential as Avenues of Poverty Reduction［J］. Journal of Sustainable Tourism, 2007, 15（6）.

［77］Gascón J. Pro-poor tourism as a strategy to fight rural poverty: A critique［J］. Journal of Agrarian Change, 2015, 15（4）.

［78］Wattanakuljarus A., Coxhead I. Is tourism-based development good for the poor?: A general equilibrium analysis for Thailand［J］. Journal of Policy Modeling, 2008, 30（6）.

［79］Scheyvens R. Pro-Poor Tourism: Is There Value Beyond the Rhetoric?［J］. Tourism Recreation Research, 2009, 34（2）.

［80］Deller S. Rural poverty, tourism and spatial heterogeneity［J］. Annals of Tourism Research, 2010, 37（1）.

［81］Spenceley A., Goodwin H. Nature-based tourism and poverty alleviation: Impacts of private sector and parastatal enterprises in and around Kruger National Park, South Africa［J］. Current Issues in Tourism, 2007, 10（2-3）.

［82］Phommavong S., Sörensson E. Ethnic tourism in Lao PDR: Gendered divisions of labour in community-based tourism for poverty reduction［J］. Current issues in tourism, 2014, 17（4）.

［83］Zhao W. The nature and roles of small tourism businesses in poverty alleviation: Evidence from Guangxi, China［J］. Asia Pacific Journal of Tourism Research, 2009, 14（2）.

［84］Incera A. C., Fernández M F. Tourism and income distribution:

Evidence from a developed regional economy［J］. Tourism Management, 2015, 48（4）.

［85］Cao J. Tourism resource development and long-term economic growth：a resource curse hypothesis approach［J］. Tourism Economics, 2014, 20（5）.

［86］Park D. B., Yoon Y. S. Segmentation by motivation in rural tourism：A Korean case study［J］. Tourism Management, 2009, 30（1）.

［87］Kalsom Kayat. Exploring factors influencing individual participation in community-based tourism：The case of Kampung relau homestay program, Malaysia［J］. Asia Pacific Journal of Tourism Research, 2002, 7（2）.

［88］Lee Jolliffe, Regena Farnsworth. Seasonality in tourism employment：human resource challenges［J］. International Journal of Contemporary Hospitality Management, 2003, 15（6）.

后　记

为了深入学习贯彻习近平总书记关于扶贫工作重要论述，特别是习近平总书记关于凉山少数民族地区脱贫攻坚工作的重要指示精神，中国工人出版社策划了“十三五”国家重点出版物出版规划项目——“凉山少数民族地区脱贫攻坚模式研究丛书”。本书作为该出版项目的系列图书之一，由四川农业大学“乡村旅游高质量发展创新研究团队”负责研究和撰写工作。

本书基于脱贫攻坚与乡村振兴有效衔接战略背景，系统梳理了旅游减贫的基础理论和评价方法，对凉山州典型地区旅游减贫实施过程和效果进行评价，基于国内其他地区经验，对乡村振兴背景下进一步强化凉山州旅游减贫效应的具体路径进行了深入探索。

本书的主要执笔人是西南大学王志章与四川农业大学郭凌、孙根紧、朱玉蓉和蔡克信。同时，徐襄怡、官红、张淑华、王化荣、蔡娴、钱琪、黄丹、赵盼、周洁、邓碧旖、夏雪、刘泽龙、彭嘉玲和伍珑伟等同学承担了资料收集整理、课题调研工作，在此表示感谢。

受新冠肺炎疫情影响，本书撰写中的基础数据收集遇到困难，部分章节是结合课题组之前的研究成果完成的。本书的出版得益于凉山州委、州政府的鼎力支持，没有凉山州有关部门提供的基础资料，本书的论述分析和成稿犹如无米之炊，是难以实现的，特向为本书写作提供资料并提供意见建议的凉山州有关部门及相关工作人员表示感谢。本书论点以及分析论述有不当之处，责任由作者承担，也敬请各位读者批评指正。

郭　凌

2022 年 3 月